Mennyország I

Benne vala az Isten dicsősége [Jeruzsálem szent városában];
és annak világossága hasonló vala a legdrágább kőhöz,
úgymint kristálytiszta jáspis kőhöz.

(Jelenések könyve 21,11)

Mennyország I

Tiszta És Gyönyörű, Mint a Kristály

Dr. Jaerock Lee

Mennyország I: Tiszta És Gyönyörű, Mint a Kristály
Szerző: Dr. Jaerock Lee
Kiadja az Urim Books (Képviselő: Kyungtae Noh)
73, Yeouidaebang-ro 22-gil, Dongjak-gu, Seoul, Korea
www.urimbooks.com

Ez a könyv vagy annak részei nem reprodukálható semmilyen formában, nem tárolható előhívható rendszerben, nem sokszorosítható semmilyen formában vagy eszköz által, elektronikus, mechanikai vagy fénymásolt, rögzített vagy más formában, a kiadó előzőleges írásos beleegyezése nélkül

Hacsak másként nem jelöltük, az összes bibliai idézet a Károli Szent Bibliából származik. Engedéllyel felhasználva.

Szerzői jog Copyright © 2016 Dr. Jaerock Lee
ISBN: 979-11-263-0049-5 04230
ISBN: 979-11-263-0048-8 (set)
Fordítási jog Copyright © 2009 Dr. Esther K. Chung. Engedéllyel felhasználva.

Korábban koreai nyelven kiadva az Urim Books által 2002-ben

Első kiadás 2016 január

Szerkesztő: Dr. Geumsun Vin
Szerkesztette az Urim Books Kiadói Hivatala
Nyomtatva a Yewon Printing Company által
További információért lépjen kapcsolatba a következő címen: urimbook@hotmail.com

Előszó

A szeretet Istene nemcsak hogy elvezet minden hívőt a megboldogulás útjára, de a Mennyország titkait is feltárja előttük.

Legalább egyszer egy életben az emberben felmerülnek a következő kérdések: „Hová kerülök az evilági életem után?" vagy „Valóban létezik Mennyország és pokol?"
Sok ember meghal még azelőtt, hogy ezekre a kérdésekre választ találna, és még ha hisznek is az élet utáni másik életben, nem mindenki birtokolja a mennyet, mert nem mindenkinek adatik meg a megfelelő tudás. A Mennyország és a pokol nem egy fantázia, hanem egy valóság a spirituális birodalomban.

Egyrészt a Mennyország annyira gyönyörű, hogy semmivel nem hasonlítható össze ezen a világon. Főleg az Új Jeruzsálem szépsége és boldogsága, ahol Isten trónusa található, nem írható körül megfelelőképpen, mert a legjobb anyagokból, és mennyei képességek segítségével készül.

Másrészt a pokol tele van végtelen, tragikus fájdalommal, valamint végtelen büntetéssel, és ennek a szörnyű valóságát körülírtam részletesen a Pokol című könyvben. A Mennyországot és a poklot Jézus és az apostolok által ismertük meg, és még ma is megjelennek ezek részletesen azokon az embereken keresztül, akik őszintén hisznek Istenben, és az Ő emberei.

A Mennyország az a hely, ahol Isten gyermekei az örök életet élvezik, és számukra elképzelhetetlen, gyönyörű és csodálatos dolgok készülnek, hogy várják őket. Csak akkor ismerheted meg részletesen, amikor Isten ezt megengedi neked, és megmutatja Neked azt.

Hét éven át folyamatosan imádkoztam és böjtöltem, hogy megismerjem ezt a mennyet, és hét év után kezdtem Istentől válaszokat kapni. Jelenleg Isten már nagyobb mélységekben tárja fel előttem a spirituális birodalom titkait.

Mivel a Mennyország nem látható, nagyon nehéz a világi nyelv és ismeret segítségével körülírni azt. Félreértések is előfordulhatnak vele kapcsolatban. Ezért van az, hogy Pál apostol nem tudott részletesen beszélni a Harmadik

Předmluva

Mennyországbeli Paradicsomról, amelyet egy vízióban látott.

Isten számos titkot megosztott velem a Mennyországról, és több hónapon át arról prédikáltam, hogy mennyire boldog az élet itt, milyen helyek és jutalmak léteznek itt, mindenkinek a saját hite mértéke szerint. Azonban, mindent nem tudtam elmondani olyan részletesen, ahogyan azt megtudtam.

Isten azért engedi meg nekem, hogy megismertessem a spirituális birodalom titkait, hogy annyi lelket mentsek meg, ahányat csak lehetséges, és a Mennyországba vezessem őket, mely oly tiszta és gyönyörű, mint a kristály. Istennek köszönettel és hálával tartozom azért, mert megengedte, hogy kiadjam a *Mennyország I: Tiszta És Gyönyörű, Mint a Kristály* című könyvet, mely leírása annak a helynek, mely tiszta és gyönyörű, mint a kristály, és tele van Isten dicsőségével. Remélem rájösztök Isten szeretetének nagyságára, mellyel megmutatja a Mennyország titkait, és mindenkit elvezet a megdicsőülés útjára, hogy a Mennyországot ti is birtokba vehessétek. Azt is remélem, hogy az Új Jeruzsálemben eltöltendő örök életet tűzitek ki célotokul. Köszönettel tartozom Geumsun Vinnek, a Kiadói Iroda igazgatójának és az iroda beosztottjainak, valamint a Fordítóirodának a fáradságos munkájukért, amelyet e könyv kiadása érdekében végeztek. Az Úr nevében imádkozom, hogy ezzel a könyvvel számos lélek megmeneküljön, és élvezze az örök életet Új Jeruzsálemben.

Jaerock Lee

 Bevezetés

Azt remélem, mindannyian rá fogtok jönni Isten türelmes szeretetére, megvalósítjátok a teljes lelki békét, valamint szaladva értek el Új Jeruzsálembe.

Istennek köszönettel és hálával tartozom azért, mert számtalan embert rávezetett arra, hogy megismerje a szellemi birodalmat, és célokat tűzzön maga elé a Mennyország reményével, amikor a *Pokol* és a *Mennyország* kétrészes könyvét megjelenttettem. Ennek a könyvnek tíz fejezete van, és bemutatja a mennyország különböző helyein az életet és annak szépségét, valamint azokat a jutalmakat, amelyeket ki-ki a saját hitének mértéke szerint kap. Ezt tárta fel Isten Dr. Jaerock Lee tiszteletes előtt, a Szentlélek sugallatára.

Az első fejezet: „Mennyország: Tizsta és gyönyörű, mint a kristály" leírja a menyei örök boldogságot úgy, hogy az általános jellemzőiről beszél, arról a helyről, ahol nem lesz szükség napra vagy holdra, hogy ragyogjon.

A második fejezet: „Az Édenkert és a Mennyország várószobája" elmagyarázza az Édenkert helyét, kinézetelét, az abban zajló életet, hogy segítsen neked jobban megérteni a Mennyországot. Ebből a fejezetből megtudhatod, miért tette Isten a jó és a rossz tudásának fáját az Édenkertbe, mi volt a terve és az előrelátása, hogyan akarta az embert szellemileg művelni ezzel. További információt találunk a Várószobáról vagy-helyről, ahol a megmenekült emberek az ítélet napját várják; az ottani életről is értesülünk, és arról: kik azok, akik várakozás nélkül, egyenesen bemehetnek Új Jeruzsálembe.

A harmadik fejezet címe: „A hétéves lakodalmi mulatság" elmagyarázza Jézus Krisztus második eljövetelét, a hétéves nagy megpróbáltatást, az Úr visszatérését a földre, az ezredfordulót, valamint az az után következő örök életet.

A negyedik fejezet: „A Mennyország titkai, melyek a Teremtés óta rejtettek" a Mennyország titkait mutatja be, amelyeket Jézus feltárt a példabeszédei által, és elmondja, hogyan birtokold a Mennyországot, ahol számos lakóhely van.

Az ötödik fejezet: „Hogyan élünk majd a Mennyországban?"

megmagyarázza a szellemi test magasságát, súlyát, valamint bőrszínét, továbbá azt is, hogyan fogunk élni. Számos példát találunk benne a mennyei örömteli életről, és ez a fejezet arra is biztat bennünket, hogy erőteljesen haladjunk a Mennyország felé, nagy reménységgel iránta a szívünkben.

A hatodik fejezet: „Paradicsom" bemutatja a Mennyország legalsóbb részét, ami a Paradicsom, azonban sokkal szebb és boldogabb hely, mint ez a világ. Azokat az embereket is körülírja, akik majd bejutnak a Paradicsomba.

A hetedik fejezet: „A Mennyország Első Királysága" bemutatja az Első Királyságbeli életet és jutalmakat, amelyek azokra várnak, akik elfogadták Jézus Krisztust és megpróbáltak Isten akarata szerint élni.

A nyolcadik fejezet: „A Mennyország Második Királysága" a Második Királyságbeli életet és jutalmakat mutatja be, ahová azok jutnak, akik nem teljesítették teljesen a szentség elérését, de a feladataikat ellátták. Hangsúlyozza az engedelmesség fontosságát, és azt, milyen fontos, hogy a feladatainknak eleget tegyünk.

A kilencedik fejezet: „A Mennyország Harmadik Királysága" elmagyarázza a Harmadik Királyság szépségét és glóriáját, amely nem összehasonlítható a Második Királysággal. A Harmadik Királyság csak azoké, akik az összes bűnüket eldobják, még a saját természetükből is, saját erejükből és a Szentlélek segítségével. Elmagyarázza Isten szeretetét, aki engedélyezi a megpróbáltatásokat és teszteket a számunkra.

Végül a tizedik fejezet: „Új Jeruzsálem" bevezeti Új Jeruzsálemet, amely a legszebb és legdicsőségesebb hely a mennyben, ahol Isten Trónusa található. Körülírja azokat az embereket, akik be fognak jutni Új Jeruzsálembe. Ennek a fejezetnek a végén két ember házának példáját találjuk, akik be fognak jutni Új Jeruzsálembe, és a példájuk reményt ad számunkra.

Isten előkészítette a Mennyországot, amely tiszta és oly gyönyörű, mint a kristály, az Ő szeretett gyermekeinek. Azt szeretné, hogy minél több ember megmeneküljön a megdicsőülés által, és szeretné látni, amint minél többen a Gyermekei közül bemennek Új Jeruzsálem kapuján.

Azt remélem, az Úr nevében, hogy a *Mennyország I: Tiszta*

És Gyönyörű, Mint a Kristály összes olvasója rájön majd, mennyire nagy Isten szeretete, szellemük kiteljesedik az Úr szívével, és szorgalmasan fognak Új Jeruzsálem felé szaladni.

Geumsun Vin
A szerkesztőségi Iroda Igazgatója

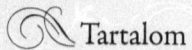
Tartalom

Előszó
Bevezetés

Első fejezet **Mennyország: Tizsta és gyönyörű, mint a kristály** • 1
1. Új Mennyország és Új Föld
2. Az Élet Vizének Folyója
3. Isten és a Bárány Trónusa

Második fejezet **Az Édenkert és a Mennyország várószobája** • 21
1. Az Édenkert, ahol Ádám lakott
2. Az emberek a földön művelődnek
3. A Mennyország váróhelye
4. Emberek, akik nem maradnak a Váróhelyen

Harmadik fejezet **A hétéves lakodalmi mulatság** • 49
1. Jézus visszatérése és a hétéves menyegző
2. A Millennium
3. A Mennyországot az Ítélet Napja után lehet elérni

Negyedik fejezet **A Mennyország titkai, melyek a Teremtés óta rejtettek** • 73
1. A Mennyország titkai, melyek Jézus ideje óta tárultak fel előttünk
2. A Mennyország titkai, melyeket az idők végén fognak feltárni nekünk
3. Az Atyám házában sok lakóhely van

Ötödik fejezet **Hogyan élünk majd a Mennyországban?** • 103
1. Életstílus a Mennyországban
2. Öltözködés a Mennyországban
3. Étel a Mennyországban
4. Közlekedés a Mennyországban
5. Szórakozás a Mennyországban
6. Istentisztelet, tanulás, kultúra a Mennyországban

Hatodik fejezet **Paradicsom** • 129
1. A Paradicsom szépsége és boldogsága
2. Milyen emberek mennek a Paradicsomba?

Hetedik fejezet **A Mennyország Első Királysága** • 145
1. A szépsége és boldogsága felülmúlják a Paradicsomot
2. Kik mennek az Első Királyságba?

Nyolcadik fejezet **A Mennyország Második Királysága** • 159
1. Gyönyörű magánházat kap mindenki
2. Milyen emberek mennek a Második Királyságba

Kilencedik fejezet **A Mennyország Harmadik Királysága** • 175
1. Isten mindenik gyermekét angyalok szolgálják
2. Milyen emberek mennek a Harmadik Királyságba?

Tizedik fejezet **Új Jeruzsálem** • 191
1. Az emberek Új Jeruzsálemben Istent szemtől szemben látják
2. Milyen emberek mennek Új Jeruzsálembe?

Első fejezet

Mennyország:
Tizsta és gyönyörű, mint a kristály

1. Új Mennyország és Új Föld
2. Az Élet Vizének Folyója
3. Isten és a Bárány Trónusa

És megmutatá nékem
az élet vizének tiszta folyóját,
a mely ragyogó vala, mint a kristály,
az Istennek és a Báránynak
királyiszékéből jővén ki
Az ő utczájának közepén.
És a folyóvízen innen és túl életnek fája vala,
mely tizenkét gyümölcsöt terem vala,
minden hónapban meghozván gyümölcsét;
és levelei a pogányok gyógyítására valók
És semmi elátkozott nem lesz többé;
és az Istennek és a Báránynak királyiszéke
benne lesz;
és ő szolgái szolgálnak néki;
És látják az ő orczáját;
és az ő neve homlokukon [lesz.]
És ott éjszaka nem lesz;
és nem lesz szükségök szövétnekre
és napvilágra;
mert az Úr Isten világosítja meg őket,
és országolnak örökkön örökké.
- Jelenések könyve 22,1-5 -

Sokan tűnődnek, ezt kérdezve: „Azt mondják, örök élet vár ránk a Mennyországban, de milyen hely is az?" Ha meghallgatod azok tanúságtételét, akik voltak ott, azt hallhatod, hogy a legtöbben közülük átmentek egy hosszú alagúton. Ez azért van, mert a mennyország a spirituális birodalomban van, amely nagyon különbözik attól a világtól, amelyben élsz.

Azok, akik ebben a háromdimenziós világban élnek, nem ismerik a mennyet részletesen. Tudunk erről a csodás világról, amely a háromdimenziós fölött van, de csak akkor, ha Isten szavát meghallgatjuk, amikor erről beszél, vagy amikor a spirituális szemeink kinyílnak. Ha ismered ezt a spirituális birodalmat részleteiben is, nemcsak hogy boldog lesz a lelked, hanem a hited is gyorsan fog nőni, és Isten is szeretni fog téged. Jézus számos példabeszéde által elmondta a Mennyország titkait, valamint János apostol is részletesen beszél róla a Jelenések Könyvében.

Akkor, milyen hely a Mennyország, és hogyan fognak az emberek élni benne? Rövid betekintést fogsz kapni a Mennyországba, mely oly tiszta és gyönyörű, mint a kristály, amelyet Isten előkészített arra, hogy az Ő szeretetét örökre megoszthassa az Ő gyermekeivel.

1. Új Mennyország és Új Föld

Az első mennyország és az első föld, amelyet Isten teremtett, olyan tiszta és gyönyörű volt, mint a kristály, azonban az első ember, Ádám engedetlensége miatt ezeket elátkozták. A tudomány és a technológia gyors fejlődése, valamint a gyors és terjeszkedő iparosodás miatt ez a föld beszennyeződött, és egyre több ember manapság azt hangsúlyozza, hogy a természetet meg kell védeni.

Ennélfogva, amikor az idő eljön, Isten félreteszi majd az első mennyet és az első földet, és alkot majd egy új földet és egy új mennyet. Bár ez a föld szennyezett és rothadt, még mindig szükség van rá, amikor Isten igaz gyermekeit felneveljük, akik be tudnak és be fognak menni a Mennyországba.

A kezdetekkor Isten megteremtette a földet, majd egy embert teremtett, akit elvezetett az Édenkertbe. Maximális szabadságot és bőséget adott neki, mindent megengedve neki, kivéve azt, hogy a jó és a rossz tudásának a fájáról egyen. Azonban ő megszegte Isten egyetlen tiltását, mire a földre vezették őt, mely az első mennyország és az első föld.

Mivel a Mindenható Isten tudta, hogy az emberi faj a halál útjára fog térni, előkészítette Jézus Krisztust még az idők kezdete előtt, és elküldte Őt ide a földre, a megfelelő időben.

Így bárki, aki elfogadja Jézus Krisztust, akit keresztre feszítettek és utána feltámadt, egy új teremtménnyé alakul, az új mennybe és földre kerül, és az örök életet is élvezheti.

Az Új Mennyország kék ege, mely tiszta, mint a kristály

Az új mennyország ege, melyet Isten előkészített a számunkra, tiszta levegővel van tele, nem mint a mi világunk levegője. Képzelj el egy tiszta, magas eget, tiszta fehér felhőkkel. Milyen nagyszerű és csodálatos lenne ez!

Miért teremti kékre az új eget az Isten? Spirituális értelemben a kék szín a tisztaságot, mélységet és magasságot képviseli. A víz is annyira tiszta, amennyire kék a színe. Amikor a kék égre nézel, érzed, hogy a szíved felfrissül. Isten azért teremtette kékre az eget, mert a szívedet is tisztára teremtette, és arra ösztönöz, hogy keresd a Teremtődet. Ha ezt tudott vallani, a kék égre felnézve: „A Teremtőm ott fenn kell hogy legyen. Ő mindent oly gyönyörűre teremtett!" a szíved megtisztul, és bátorítást kapsz a tiszta életvitelre.

Mi lenne, ha a teljes ég sárga lenne? Ahelyett, hogy nyugodtan éreznénk magunkat, az emberek zavart és gondot éreznének, míg néhányan még mentális gondokkal is küzdenének. Az emberek agya a különböző színeknek megfelelően reagálhat üdén, gondterhelten, vagy más módon. Ezért teremtette Isten az új mennyország egét kékre, és ezért helyezett tiszta fehér felhőket rá, hogy a Gyermekei boldogan élhessenek, olyan tiszta és gyönyörű szívekkel, mint a kristály.

A Mennyország új földje, mely tiszta aranyból és ékszerekből készült

Akkor, milyen lesz az új föld a mennyben? A mennyország új földjén, melyet Isten tisztára és gyönyörűre teremtett, olyanra, mint a kristály, melyen nincs por. Ez az új föld teljesen aranyból és ékszerekből áll. Milyen nagyszerű lenne a Mennyben lenni, ahol a fénylő utak tiszta aranyból és ékszerekből állnak!

Ez a jelenlegi föld talajból áll, mely idővel megváltozik. Ez a változás jelzi az értelmetlenséget és a halált. Isten megengedte a növényeknek, hogy nőjenek, gyümölcsöt hozzanak, melyek lehullnak a földre, hogy eszünkbe jusson: az életnek egyszer vége lesz ezen a földön.

Mivel a Mennyország egy igazi és örök világ, ezért tiszta aranyból és ékszerekből készült, melyek változatlanok, örökre. Ahogy a növények megnőnek ezen a földön, a mennyei növények is ugyanúgy nőnek, ha elültetik őket. Azonban, a földi növényekkel ellentétben, ezek soha nem száradnak el. Még a dombok és a kastélyok is, mind aranyból vannak. Milyen szépek és ragyogóak lehetnek! Igaz hited kell hogy legyen, hogy ezt a mennyei szépséget és boldogságot ne hagyd ki, mert ez szavakkal ki sem fejezhető igazán.

Az Első Mennyország és az Első Föld eltűnése

Mi fog történni az első mennyországgal és első földdel, amikor a gyönyörű új mennyország és új föld megjelenik?

„És láték egy nagy fehér királyiszéket, és a rajta ülőt, a kinek tekintete elől eltűnék a föld és az ég, és helyök nem találtaték" (Jelenések könyve 20,11).

„Ezután láték új eget és új földet; mert az elsõ ég és az elsõ föld elmúlt vala; és a tenger többé nem vala" (Jelenések könyve 21,1).

Amikor az ezen a földön művelődött embereket a jó és rossz között megmérik, az első mennyország és első föld eltűnik. Ez azt jelenti, hogy nem tűnnek el teljesen, hanem egy másik helyre kerülnek.

Miért van az, hogy Isten csak elmozdítja ezeket, ahelyett, hogy teljesen megszüntetné őket? Azért, mert ezek hiányoznának az Ő gyermekeinek, akik már a Mennyországban vannak. Bár sok problémájuk és fájdalmuk volt az első földön és mennyországban, néha hiányozni fognak nekik, hiszen valaha az otthonuk volt. A szeretet Istene, mivel tudatában van ennek, az Univerzum egy másik helyére mozdítja el ezeket, és nem fog teljesen megszabadulni tőlük. Az az univerzum, amelyben élsz végtelen, és számos más ilyen univerzum létezik. Isten ezeket az Univerzum egyik sarkába helyezi, és a Gyermekeinek megengedi, hogy meglátogassák őket néha.

Nincsenek könnyek, szomorúság, halál vagy betegségek

Az új mennyország és az új föld, amelyen Isten hit által megmentett gyermekei fognak élni, átok nélküli, és tele van boldogsággal. A Jelenések könyvének 21,3-4. verseiben azt találjuk, hogy nincsenek könnyek, szomorúság, halál, gyász vagy betegségek a mennyben, mert hiszen Isten ott van.

„És hallék nagy szózatot, a mely ezt mondja vala az égbõl: Ímé az Isten sátora az emberekkel van, és velök lakozik, és azok az õ népei lesznek, és maga az Isten lesz velök, az õ Istenök. És az Isten eltöröl minden könyet az õ szemeikrõl; és a halál nem lesz többé; sem gyász, sem kiáltás, sem fájdalom nem lesz többé, mert az elsõk elmúltak."

7

Mennyire szomorú lenne az, ha éheznél, vagy a gyermekeid éheznének, és sírnának, mert éhesek? Mi értelme lenne, ha valaki odajönne, letörölné a könnyeidet, de semmit sem adna neked, csak ezt mondaná: „Olyan éhes vagy, hogy a könnyeid is folynak" Mi lenne az igazi segítség itt? Valamit adnia kellene nektek, hogy te és a gyermekeid ne éhezzetek. Csak ezután hagynátok abba a sírást.

Hasonlóképpen, amikor azt mondjuk, hogy Isten letörli a könnyeidet azt jelenti, hogy amikor megdicsőülsz, és a Mennyországba kerülsz, már nem lesznek gondok és aggodalmak számodra, mivel nem léteznek a könnyek, a szomorúság, a halál, a gyász, vagy a betegségek a Mennyországban.

Egyrészt, függetlenül attól, hogy hiszel Istenben vagy nem, ezen a földön valamilyen szomorúsággal a szívedben kell élned. A világi emberek még egy kis veszteség hatására is nagyon sokat gyászolnak. Másrészt, a hívők szeretettel fognak gyászolni, és kegyelemmel azok iránt, akik még nem menekültek meg.

Azonban ha már elérted a Mennyországot, már nem kell a halál miatt aggódnod, vagy a másik ember bűnei miatt sem, akik az örök halálba esnek. Nem kell a bűnök miatt szenvedned, s így nem lehet semmilyen szomorúság sem jelen ott.

Ezen a földön ha telve vagy szomorúsággal, akkor gyászolsz. A Mennyországban azonban nincs szükség erre, mivel nincsenek betegségek vagy aggodalmak. Csak az örök boldogság létezik.

2. Az Élet Vizének Folyója

A mennyországban az élet vizének folyója, mely oly tiszta, mint a kristály, a nagy utca közepére folyik. A Jelenések könyvének 22,1-2. versei bemutatják az élet vizének folyamát, és hacsak elképzeljük ezt, nagy boldogságot érezhetünk:

„*És megmutatá nékem az élet vizének tiszta folyóját, a mely ragyogó vala, mint a kristály, az Istennek és a Báránynak királyiszékéből jővén ki. Az ő utczájának közepén. És a folyóvízen innen és túl életnek fája vala, mely tizenkét gyümölcsöt terem vala, minden hónapban meghozván gyümölcsét; és levelei a pogányok gyógyítására valók.*"

Egyszer a Cendes-óceán nagyon tiszta tengerében úsztam, és a víz olyan tiszta volt, hogy láthattam a növényeket és a halakat. Annyira szép volt, és oly nagy boldogságot éreztem, hogy ott lehetek a vízben. Még ezen a világon is, amikor tiszta vízbe nézünk, azt érezzük, hogy a szívünk felfrissül és megtisztul. Mennyire boldogabb lennél a mennyországban, ahol az élet vizének folyama, mely oly tiszta, mint a kristály, a főutcán folyik!

Az élet vizének folyama

Még ezen a világon is, ha a tiszta tengerre nézünk, a vízfodrok miatt a napsugarak visszaverődnek, és szépen ragyognak. Az Élet Vizének Folyama a mennyekben kéknek néz ki távolról, de ha közelebbről megnézed, annyira tiszta, szép és hibátlan, hogy ezt mondhatod rá: „tiszta, mint a kristály."

Miért folyik az Élet Vizének Folyója Isten és a Bárány trónusából kifele? Spirituálisan a víz Isten szavát jelképezi, amely az élet eledele, és Isten szava által örök életet nyerünk. János evangéliumának 4,14. részében Jézus ezt mondja: *" Valaki pedig abból a vízből iszik, a melyet én adok néki, soha örökké meg nem szomjúhozik; hanem az a víz, a melyet én adok néki, örök életre buzgó víznek kútfeje lesz ő benne."* Isten szava egyenlő az Élet Vizének Folyójával, mely életet ad neked, és ezért van az, hogy az Élet Vizének Folyama Isten és a Bárány Trónusából ered. Vajon milyen íze lesz az Élet Vizének? Olyan édes íz ez, amelyet ebben az életben nem tapasztalhatunk meg, és amint megisszuk, nagyon sok energiát nyerünk belőle. Isten megadta az embereknek az Élet Vizét, azonban Ádám eleste után a vizek ezen a földön, mint annyi más dolog is, megátkozódtak. Azóta sem tudta egyetlen földi lény sem megízlelni az Élet Vizét a földön. Csak az után leszel képes megkóstolni azt, miután bejutottál a Mennyországba. Az emberek a földön szennyezett vizet isznak, és a víz helyett olyan művizeket keresnek, mint például az üdítőitalok. A víz ezen a földön soha nem adhat örök életet, de ezzel ellentétben az Élet Vize, Isten szava a Mennyországban képes erre. Édesebb mint a méz, vagy a törökméz, és a szellemedet megerősíti.

A Folyó mindenütt körbefolyik a Mennyországban

Az Élet Vizének folyama, mely Isten és a Bárány trónusától ered, ugyanolyan, mint a vérkeringés, mely az életet közvetíti a testben. A teljes mennyországot körülöleli, valamint a főutcán is végigfolyik, majd visszatér Isten Trónjához. Miért folyik teljesen körbe, mielőtt a legnagyobb utcán is végigfolyna?

Először azt kell megjegyeznünk, hogy az Élet Vizének Folyama a legkönnyebben Isten Trónjához folyik, ezért ha bemész Új Jeruzsálembe, ahol Isten Trónja is van, csak követned kell az utcát, mely a folyó mindkét oldalán van, tiszta aranyból.

Másodszor, a Mennyországba vezető utat Isten szavában megtalálod, és csakis úgy juthatsz a mennybe, ha ezt követed. Amint Jézus mondja János 14,6-ban: *„Monda néki Jézus: Én vagyok az út, az igazság és az élet; senki sem mehet az Atyához, hanemha én általam,"* vagyis Isten igaz szavában megtaláljuk a Mennyországba vezető utat is. Ha Isten akaratának megfelelően cselekszel, bemehetsz a mennyországba, ahol Isten szava megtalálható, és az Élet vize folyik.

Hasonlóképpen Isten a Mennyet úgy teremtette, hogy az Élet Vizének Folyamát követve megérkezhetsz Új Jeruzsálembe, ahol Isten Trónja is megtalálható.

A folyóparton arany- és ezüsthomok van

Mi lesz az Élet Vizének Folyama mellett, mindkét oldalon? Először azt fogod észrevenni, hogy a folyó széltében-hosszában arany- és ezüsthomok terül el. A homok a mennyben kerek, és olyan puha, hogy még akkor sem ragad a ruhához, ha elfekszel a homokon.

Számos, arannyal és ékkövekkel díszített kényelmes padot is fogsz látni. Amikor a barátaiddal leülsz a padokra, hogy beszélgess, aranyos angyalkák fognak benneteket kiszolgálni.

Ezen a földön csodálod az angyalokat, de a mennyben az angyalok „uramnak" fognak hívni, és a kívánságodnak megfelelően fognak szolgálni. Ha gyümölcsöt kívánsz, egy angyal ékkövekkel díszített kosárban gyümölcsöt fog hozni neked, és azonnal átadja neked.

11

Továbbá a folyó mindkét partján szép virágok vannak, melyek sok színben pompáznak, valamint madarakat, rovarokat, és különféle állatokat is láthatsz. Szintén mint gazdájukat szolgálnak majd, és a szeretetedet megoszthatod velük is. Mennyire gyönyörű ez a Mennyország ezzel a folyóval: az Élet Vizének Folyamával!

Az Élet Fája a folyó mindkét partján

A Jelenések könyve 22,1-2 részletesen leírja az élet fáját az Élet Vizének Folyama mindkét partján:

„És megmutatá nékem az élet vizének tiszta folyóját, a mely ragyogó vala, mint a kristály, az Istennek és a Báránynak királyiszékéből jővén ki Az ő utczájának közepén. És a folyóvízen innen és túl életnek fája vala, mely tizenkét gyümölcsöt terem vala, minden hónapban meghozván gyümölcsét; és levelei a pogányok gyógyítására valók."

Miért helyezte Isten az élet fáját, mely tizenkét gyümölcsöt terem, a folyó mindkét oldalára?

Elsősorban azért, mert Isten azt akarta, hogy a Gyermekei, akik bemennek a Mennyországba, lássák annak gyönyörűségét. Arra is emlékezteti őket, hogy amikor Isten szava szerint cselekedtek, a Szentlélek gyümölcsét hozták, csakúgy, mint ahogy ettek, feltéve, hogy izzadságos munkával megteremtették az eledelüket.

Egy dologra rá kell jönnöd. Tizenkét gyümölcsöt teremni

nem azt jelenti, hogy egyetlen fa terem ennyit, hanem az élet fáinak tizenkét különböző fajtája terem ilyen sokat. A Bibliában azt láthatjuk, hogy Izrael tizenkét törzse alakult Jákob tizenkét fia által, és a tizenkét törzs által megalakult Izrael nemzete, és az összes olyan nemzet is, aki elfogadja a kereszténységet, szerte a világon. Jézus kiválasztott tizenkét tanítványt, és általuk, valamint az ő tanítványaik által az evangéliumot elterjesztették az összes nemzet számára a földön.

A tizenkét gyümölcs az élet fájáról azt szimbolizálja, hogy bárki, bármilyen nemzetből, ha követi a hitet, megteremheti a Szentlélek gyümölcsét, és bejuthat a Mennyországba.

Ha megeszed az élet fájának szépséges és sokszínű gyömölcsét, felfrissülsz, és boldogabbnak fogod magad érezni. Amint leszedik a gyümölcsöt, egy másik fog a helyébe nőni, és így soha nem fogynak el teljesen. Az élet fájának levelei zöldek és fénylenek, és örökre így maradnak, mert nem arra valók, hogy lehulljanak, vagy hogy megegyék őket. Ezek a nagy fényes, zöld levelek sokkal nagyobbak, mint az általunk ismert fák levelei, és rendszer-szerűen nőnek.

3. Isten és a Bárány Trónja

A Jelenések könyvének 22,3-5. versei szerint Isten Trónusa a mennyország közepén van:

„És semmi elátkozott nem lesz többé; és az Istennek és a Báránynak királyiszéke benne lesz; és ő szolgái szolgálnak néki; És látják az ő orczáját; és az ő neve

Mennyország I

homlokukon [lesz.] És ott éjszaka nem lesz; és nem lesz szükségök szövétnekre és napvilágra; mert az Úr Isten világosítja meg őket, és országolnak örökkön örökké."

A Trónus a Mennyország közepén van

A Mennyország az az örök hely, ahol Isten szeretettel és igazságosan uralkodik. Új Jeruzsálem a Mennyország közepén van, és benne van Isten és a Bárány Trónusa. A Bárány itt Jézus Krisztusra vonatkozik (Exodus 12,5; János 1,29; Péter első levele 1,19).

Nem tud mindenki bejutni arra a helyre, ahol Isten tartózkodik. Egy olyan térben van, melynek más a dimenziója. Isten Trónusa ezen a helyen sokkal szebb és ragyogóbb, mint az, amelyik Új Jeruzsálemben található.

Isten Trónusa Új Jeruzsálemben az a hely, ahová Isten gyakran lejön, amikor az Ő gyermekei istentiszteletet tartanak, vagy bankettet tartanak. A Jelenések könyve 4,2-3 bemutatja, ahogy Isten a Trónján ül:

„És azonnal elragadtatám lélekben: és ímé egy királyiszék vala letéve a mennyben, és üle [valaki] a királyiszékben; És a ki üle, tekintetére nézve hasonló vala a jáspis és sárdius kőhöz; és a királyiszék körül szivárvány [vala,] látszatra smaragdhoz hasonló."

A Trónus körül huszonnégy ősatya – vén – ül, fehér ruhában, a fejükön koronával. A Trónus előtt Isten Hét Szelleme található, valamint az üvegtenger, mely oly tiszta, mint a kristály. Középen és a Trónus körül található a négy teremtmény, valamint számos mennyei házigazda és angyal.

Isten trónját fények veszik körül. Olyan szép, csodálatos, nagyszerű, méltóságteljes, valamint hatalmas, hogy emberi elme fel nem foghatja. Hasonlóképpen Isten Trónjának jobb oldalán található a Bárány Trónja, aki a mi Jézus Krisztusunk. Nagyon különbözik Isten Trónjától, de Isten – a Háromság: az Atya, a Fiú és a Szentlélek – szíve ugyanaz, ugyanazok a jellemzői, és a hatalma is ugyanakkora.

Isten Trónusának további részleteit a *Mennyország II* című műben találhatjuk, melynek címe *"Tele Isten dicsőségével."*

Sem éjjel, sem nappal

Isten a szeretetével uralkodik a Mennyország és az Univerzum fölött, az Ő Trónjából és igazságosan, és ez a Trón a szent és gyönyörű dicsőség fényétől ragyog. A mennyország közepén van, és mellette van a Bárány Trónusa is, mely szintén a dicsőség fényétől ragyog. Ezért nincs szükség a Mennyországban a napra vagy a holdra, vagy semmilyen más elektronikus forrásra, hogy fényt bocsásson ki. Mert nappal és éjszaka sincs.

A Zsidókhoz írt levél 12,14 verse arra biztat bennünket, hogy: *"Kövessétek mindenki irányában a békességet és a szentséget, a mely nélkül senki sem látja meg az Urat."* Jézus ezt ígérte Máté 5,8-ban: *"Boldogok, a kiknek szívök tiszta: mert ők az Istent meglátják."*

Ennélfogva azok a hívők, akiknek sikerül az összes gonoszságot kiirtaniuk a szívükből, valamint Isten akaratának mindenben eleget tesznek, megláthatják Isten arcát. Olyan mértékben, amennyire hasonlítanak az Úrra, a hívők áldottak lesznek ezen a világon, és a Mennyországban közelebb élhetnek majd Isten Trónusához.

Mennyire boldogok lesznek az emberek, amikor Isten arcát meglátják, szolgálhatják Őt, és osztozhatnak Vele a szeretetben, örökre! Ahogy nem tudunk direkt a napba nézni, mivel túl fényes, azok, akik nem emlékeztetnek az Úr szívére, nem nézhetik az Urat közelről.

Az igaz boldogság élvezete a Mennyországban

Bármit teszel a mennyben, igaz boldogságot élvezhetsz, mert ezt készítette elő az Isten az Ő szeretett gyermekeinek. Az angyalok szolgálják Isten gyermekeit, amint azt a Zsidókhoz írt levél 1,14. verse is tartalmazza: *„Avagy nem szolgáló lelkek-é mindazok, elküldve szolgálatra azokért, a kik örökölni fogják az idvességet?"* Ahogy az emberek hitének mértéke különböző, a szolgáló angyalok házainak nagysága is attól függően változik, hogy az emberek mennyire emlékeztetnek Istenre.

Úgy fogják őket szolgálni, mint a hercegeket vagy hercegnőket, mivel az angyalok kitalálják a gazdáik gondolatait is majd, és mindent elkészítenek, amit csak kérnek tőlük.

Még az állatok és a növények is szeretni és szolgálni fogják Isten gyermekeit. A mennyei állatok feltételek nélkül engedelmeskednek majd Isten gyermekeinek, és szolgálni fogják őket, néha aranyos dolgokat tesznek értük, hogy a kedvükre tegyenek, mivel nincs bennük gonosz.

És mi van a mennyei növényekkel? Mindenik növénynek

szép és egyedi illata van, és valahányszor Isten gyermekei közel mennek hozzájuk, kiárasztják magukból ezeket az illatokat. A virágok a legszebb illatokat árasztják magukból, mely még a távoli helyekre is eljut. Amint az illat kiárad, máris új képződik helyette. Az élet fájának tizenkét példánya szintén saját illattal bír. Ha megszagolod ezt az illatot, vagy eszel az élet fájának gyümölcséből, annyira felfrissülsz és olyan boldog leszel, hogy semmi mással nem lehet ezt az érzést összehasonlítani. Az általunk ismert növényekkel ellentétben, a mennyei virágok mosolyognak, amikor Isten gyermekei közelítik őket. Még táncra is perdülnek a gazdájuk kedvéért, akik beszélgethetnek is velük.

Ha valaki leszed egy virágot, az nem lesz szomorú, hanem Isten akaratából visszanő. A leszedett virág feloldódik a levegőben és eltűnik. Az emberek által megevett gyümölcs szintén feloldódik, gyönyörű illatként, és a lélegzetvétel során eltűnik.

A mennyben is négy évszak van, és az emberek élvezhetik az évszakok változását. Isten szeretetét érezni fogják az emberek az évszakok változása által: tavasz, nyár, ősz, tél. Megkérdezheti valaki: „Szenvedni fogunk vajon a nyár melegétől és a tél hidegétől a mennyben?" A mennyei időjárás mindenkor a legtökéletesebb helyet biztosítja Isten gyermekeinek, hogy ott éljenek, és nem fognak szenvedni a forró vagy nagyon hideg időjárástól. Bár a spirituális testek nem érezhetik a hideget vagy a meleget, a hideg vagy meleg levegőt tudják érzékelni. A mennyben tehát senki nem fog a hidegtől vagy a melegtől szenvedni.

Ősszel Isten gyermekei élvezhetik a gyönyörű lehullott leveleket, télen pedig láthatják a havat. Élvezhetik azt a szépséget, amely minden mástól különbözik ezen a világon. Annak az oka, hogy a mennyben is négy évszak van az, hogy Isten a gyermekei tudomására akarja adni: minden rendben van ahhoz, hogy jól érezzék magukat. Jó példája ez annak, hogyan engeszteli ki Isten a gyermekeit, ha netán hiányozna nekik a földi élet, ahol művelődtek addig, amíg nem jutottak a Mennyországba.

A Mennyország a négydimenziós világban található, amely nem összehasonlítható ezzel a világgal. Tele van Isten szeretetével és hatalmával, és végtelen sok esemény van benne, olyan tevékenységek, amelyeket el sem tudunk képzelni. Többet is megtudhatsz az örök és boldog életekről, amelyeket a hívők élnek – az ötödik fejezetben.

Csak azok mehetnek be a Mennyország kapuján, akiknek a neve szerepel a Bárány könyvében. Ahogy a Jelenések könyvének 21,6-8. verse tartalmazza, csak az, aki iszik az élet vizéből és Isten gyermeke lesz belőle, örökölheti Isten országát.

„És monda nékem: Meglett. Én vagyok az Alfa és az Omega, a kezdet és a vég. Én a szomjazónak adok az élet vizének forrásából ingyen. A ki győz, örökségül nyer mindent; és annak Istene leszek, és az fiam lesz nékem. A gyáváknak pedig és hitetleneknek, és útálatosoknak és gyilkosoknak, és paráznáknak és búbájosoknak, és bálványimádóknak és minden

hazugoknak, azoknak része a tűzzel és kénkővel égő
tóban [lesz], a mi a második halál."

Egy alapvető feladata az embernek, hogy féljen Istentől
és betartsa a parancsolatait (A Prédikátor könyve 12,13). Ha
nem félsz Isten szavától és folytatod a bűnözést, még akkor
is, ha tudatában vagy annak, hogy bűnözöl, nem juthatsz a
Mennyországba. A gonosz emberek, a gyilkosok, a csalók, a
mágusok, valamint a bálványimádók, akik a józan ész fölötti
dolgokat követik el, egészen biztosan nem fognak bejutni a
Mennyországba. Figyelmen kívül hagyták Istent, démonokat
szolgáltak, idegen istenekben hittek, az ellenséges Sátánt és az
ördögöt követve.

Akik Istennek hazudnak és becsapják Őt, és gyalázzák
a Szentlelket vagy ellene beszélnek, soha nem juthatnak a
Mennyországba. Amint elmagyaráztam a Pokol című könyvben,
ezek az emberek örök büntetéstől szenvednek a pokolban.

Ezért, az Úr nevében imádkozom, nemcsak azért, hogy
elfogadd Jézus Krisztust és megszerezd Isten gyermekének a
jogát, hanem azért is, hogy örök boldogságban is legyen részed a
mennyben, mely oly tiszta, mint a kristály, az által, hogy mindig
Isten szavát követed.

Második fejezet

Az Édenkert és a Mennyország várószobája

1. Az Édenkert, ahol Ádám lakott
2. Az emberek a földön művelődnek
3. A Mennyország váróhelye
4. Emberek, akik nem maradnak a Váróhelyen

*És ültete az Úr Isten
egy kertet Édenben, napkelet felől,
és abba helyezteté az embert,
a kit formált vala. És nevele az Úr Isten
a földből mindenféle fát,
tekintetre kedvest és eledelre jót,
az élet fáját is, a kertnek közepette,
és a jó és gonosz tudásának fáját.*

- Mózes első könyve 2,8-9 -

Ádám, az első ember, akit Isten teremtett, az Édenkertben lakott, mint egy élő lélek, aki Istennel kommunikált. Egy idő után azonban bűnt követett el azzal, hogy evett a jó és a rossz tudásának fája gyümölcséből, amit Isten megtiltott neki. Ennek eredményeképpen az ember ura meghalt. Kiűzetett az Édenkertből, és ezen a földön kellett élnie. Ádám és Éva lelke meghalt, és az Istennel való kommunikáció is megszűnt. Miután ezen az átkozott földön kellett élniük, vajon mennyire hiányzott nekik az Édenkert?

A mindentudó Isten tudott Ádám engedetlenségéről már korábban, és előkészítette Jézus Krisztust, és amikor az idő eljött, megnyitotta a megmentés kapuit. Bárki, aki a hit által megdicsőül, a mennyországot örökli, mely még az Édenkerthez sem hasonlítható.

Miután Jézus feltámadt és felment a Mennybe, egy váróhelyet készített elő, ahol azok várakozhatnak, akik megdicsőültek, egészen az ítélet napjáig, és itt lakóhelyeket készített nekik. Nézzük meg az Édenkertet és a mennyei Váróhelyet, hogy jobban megértsük a mennyországot.

1. Az Édenkert, ahol Ádám lakott

A Genézis 2,8-9 megmagyarázza, milyen az Édenkert. Ide teremtette Isten az első férfit és nőt, Ádámot és Évát, akik itt éltek régen.

"És ültete az Úr Isten egy kertet Édenben, napkelet felől, és abba helyezteté az embert, a kit formált vala. És nevele az Úr Isten a földből mindenféle fát, tekintetre kedvest és eledelre jót, az élet fáját is, a kertnek közepette, és a jó és gonosz tudásának fáját."

Ádám, az élő lélek az Édenkertben kellett hogy éljen, ennélfogva ezt valahová a szellemi világba kellett helyezni. Akkor valójában hol van az Édenkert, az első ember, Ádám lakóhelye?

Az Édenkert helye

Isten számos helyen a Bibliában megemlíti a „mennyeket," hogy a tudtodra adja, hogy vannak olyan helyek a szellemi világban, a kék égen túl, amelyek szabad szemmel láthatóak.

„Ímé az Úréi, a te Istenedéi az egek, és az egeknek egei, a föld, és minden, a mi rajta van!" (Mózes ötödik könyve 10,14)

„Ő teremtette a földet az ő erejével, ő alkotta a világot az ő bölcseségével, és ő terjesztette ki az egeket az ő értelmével" (Jeremiás 10,12).

„Dicsérjétek őt egeknek egei, és ti vizek, a melyek az ég felett vagytok!" (A zsoltárok könyve 148,4)

Mindezért meg kell értened, hogy a „mennyek" nem csupán az eget jelenti, mely szabad szemmel látható. Az Első

Az Édenkert és a Mennyország várószobája

Mennyországot jelenti, ahol a nap, a hold és a csillagok vannak, valamint a Második és Harmadik Királyságot is, melyek a spirituális világban vannak. A korinthusiakhoz írt második levél 12. versében Pál apostol a Harmadik Királyságról beszél, melyben található a teljes Mennyország, a Paradicsomtól egészen Új Jeruzsálemig.

Pál apostol volt a Paradicsomban, amely azok helye, akiknek a hite a legcsekélyebb mértékű, és amely a legmesszebbre esik Isten Trónjától. És ott meghallotta a Mennyország titkait. Azonban ezt vallotta: „az embernek nem szabad ezekről a dolgokról beszélnie."

Milyen spirituális világ a Második Mennyország? Különbözik a Harmadik Mennyországtól, és itt van az Édenkert is. A legtöbb ember azt gondolja, hogy az Édenkert ezen a földön található. Nagyon sok tudós és kutató folytatott archeológiai kutatást Mezopotámia és az Eufrátesz és a Tigris felső folyása körül a Közel-Keleten. Azonban eddig semmit sem sikerült feltárniuk.

Az ok, amiért az embereknek nem sikerül az Édenkertet itt a földön megtalálni az, hogy az Édenkert a Második Mennyországban, a spirituális világban található.

A második Mennyország a gonosz szellemek helye is, amelyeket a Harmadik Királyságból eltávolítottak, miután Lucifer fellázadt. A Genezis 3,24 így fogalmaz: *„És kiűzé az embert, és oda helyezteté az Éden kertjének keleti oldala felől a Kerúbokat és a villogó pallos lángját, hogy őrizzék az élet fájának útját."* Isten azért tette ezt, hogy megakadályozza, hogy a gonosz szellemek bemehessenek az Édenkertbe és ehessenek az élet fájáról, mert ezáltal örök életet nyertek volna.

25

Az Édenkert kapui

Nem kell úgy értenünk, hogy a Második Mennyország az Első Mennyország fölött van, és a Harmadik Mennyország a Második fölött. A négydimenziós világ terét és a fölötte lévő tereket nem érthetjük meg a háromdimenziós világ megértésével és tudásával. Akkor, milyen a mennyek struktúrája? A háromdimenziós világ, amelyet láthatsz és a spirituális mennyország látszólag elkülönülnek egymástól, azonban ugyanakkor kapcsolatban állnak egymással és fedik egymást néhol. Léteznek olyan kapuk, amelyek összekötik a háromdimenziós és a spirituális világot.

Bár nem láthatod őket, kapuk kötik össze az Első Mennyországot az Édenkerttel a Második Mennyországban. Aztán ott vannak azok a kapuk, amelyek a Harmadik Mennyországba vezetnek. Ezek a kapuk nem túl magasan helyezkednek el, hanem azoknak a felhőknek a magasságánál, melyeket egy repülőgépből láthatsz magad alatt.

A Bibliában láthatod, hogy vannak olyan kapuk, amelyek a Mennyországba vezetnek (Genezis 7,11; 2. Királyok 2,11; Lukács 9,28-36; Cselekedetek 1,9; 7,56). Amikor a mennyország kapuja kinyílik, lehetővé válik felmenni különböző mennyekbe a spirituális világban, és azok, akik megdicsőülnek, felmehetnek egészen a Harmadik Mennyországig.

Ugyanez érvényes Hadész és a pokol esetére. Ezek a helyek szintén a spirituális világban vannak, és léteznek olyan kapuk, amelyek ezekhez a helyekhez vezetnek el. Amikor a hitetlen emberek meghalnak, lemennek Hadészbe, amely a pokol része, vagy egyenesen a pokolba jutnak ezeken a kapukon.

A spirituális és a fizikai dimenziók együtt léteznek

Az Édenkert, amely a Második Mennyország része, a spirituális világban van, de különbözik a Harmadik Mennyország spirituális világától. Nem egy teljes spirituális világ ez, mert együtt létezhet a fizikai világgal.

Más szóval, az Édenkert egy köztes hely a fizikai és a szellemi világ között. Az első ember, Ádám egy élő lélek volt, de megvolt még a fizikai teste, mely porból lett. Ádám és Éva termékenyek voltak és sokasodtak itt, és úgy adtak életet a gyermekeiknek, ahogy azt mi tesszük (Genezis 3,16).

Miután az első ember, Ádám evett a jó és a rossz tudásának fájáról, és kivezették ebből a világból, a gyermekei, akik az Édenkertben maradtak a mai napig is ott vannak, mint élő szellemek, és nem tapasztalják meg a halált. Az Édenkert egy nagyon békés hely, ahol nincsen halál. Isten hatalma vezérli, és azok a szabályok és parancsok irányítják, amelyeket Isten teremtett. Bár nincs különbség éjjel és nappal között, Ádám leszármazottai természetesen tudják, mikor kell aktívnak lenniük, mikor kell pihenniük, és így tovább.

Az Édenkert nagyon hasonlít a mi földünkre. Számos növénnyel van tele, valamint állatokkal és rovarokkal is. Az itt található természet szépséges és végtelen. Nincsenek magas hegyek, csak alacsonyabb dombok. A dombokon házakhoz hasonló épületek vannak, de az emberek csak pihennek, és nem élnek bennük.

Vakációhely Ádámnak és az ő gyermekeinek

Az első ember, Ádám nagyon sokáig élt az Édenkertben, termékeny volt, így sokasodott. Mivel Ádám és az ő gyermekei élő szellemek voltak, le tudtak jönni a földre szabadon, a Második Mennyország kapuin keresztül. Mivel Ádám gyermekei a földet vakációjuk helyeként látogatták hosszú időn át, rá kell jönnöd, hogy az emberiség történelme igen hosszú. Vannak, akik ezt összetévesztik az emberiség hatezer éves műveltségével, és nem hisznek a Bibliában.

Ha alaposan megnézed a titokzatos ősi civilizációkat azonban, rá kell jönnöd, hogy Ádám és az ő gyermekei régen is lejöttek erre a földre. A piramisok és a gizai Szfinx Egyiptomban például, szintén Ádám és az ő gyermekeinek a lábnyomai, akik az Édenkertben éltek. Az ilyen lábnyomok, melyek szerte a világon megtalálhatóak, nagyon kifinomult tudomány és technológia segítségével épültek, amit még utánozni sem tudnánk a mai modern tudományos ismeretekkel.

Például a piramisok nagyszerű matematikai kalkulációkat tartalmaznak, és geometriai és csillagászati ismereteket, melyeket csak felsőfokú képzettséggel lehet megérteni. Számos olyan titkot tartalmaznak, amelyeket csak akkor tudunk elképzelni, ha megismertük a pontos konstellációkat valamint az Univerzum ciklusait. Néhányan azt tartják ezekről az ősi titokzatos civilizációkról, hogy más bolygók idegen lényeinek nyomai, azonban a Biblia segítségével megoldhatod az összes olyan dolgot, amelyet még a tudomány sem ért meg.

Az Édenkert civilizációjának a nyomai

Ádámnak az Édenkertben elképzelhetetlenül sok tudása és képessége volt, mely onnan származott, hogy Isten megtanította őt az igazi tudásra, és ez a sok tudás az idők során felgyülemlett és továbbfejlődött. Ádámnak nem volt nehéz megépíteni a Szfinxet és a piramisokat, hiszen ő mindent tudott az Univerzumról és legyőzte a Földet. Mivel Isten közvetlenül tanította Ádámot, az első ember mindent tudott, amit te nem tudsz felfogni még a modern tudomány segítségével sem.

Néhány piramis Ádám tudása és képessége által épült, míg mások a földi emberek által épültek, akik próbálták az eredetiket utánozni, hosszú idő elteltével. Ez azért van, mert egyedül Ádámnak volt meg az Isten-adta tekintélye ahhoz, hogy a teremtést legyőzze.

Ádám nagyon hosszú ideig lakott az Édenkertben, ahonnan időnként lejött a földre, de kikerült az Édenkertből, mivel ellenszegült Isten akaratának. Azonban Isten nem zárta le még egy darabig azokat a kapukat, amelyek összekötik a földet az Édenkerttel.

Ezért Ádám gyermekei, akik még mindig az Édenkertben laktak, szabadon lejöttek a földre és amint egyre többször jöttek, az emberek lányait feleségül vették (Genezis 6,1-4).

Aztán Isten bezárta azokat a kapukat az égben, amelyek összekötik az Édenkertet a földdel. A leutazások azonban nem értek teljesen véget, hanem sokkal erősebben ellenőrzöttek lettek, mint korábban. Rá kell jönnöd, hogy a legtöbb titokzatos és megfejtetlen ősi civilizáció Ádám és az ő gyermekeinek a lába nyomai, amelyek azóta léteznek, amióta szabadon le tudnak jönni a földre.

Az emberek és a dinoszauruszok története a Földön

Miért van az, hogy a dinoszauruszok a földön éltek, azonban hirtelen kihaltak? Ez egyike azon nagyon fontos bizonyítékoknak, amelyek elmondják, milyen régi valójában az emberi civilizáció. Egy olyan titok, amely csak a Biblia segítségével oldható meg.

Isten valóban elhelyezett dinoszauruszokat az Édenkertben. Ezek szelídek voltak, de erre a földre hozták el őket, mert a Sátán csapdájába estek abban az időben, amikor Ádám szabadon járt a föld és az Édenkert között. Mivel kénytelenek voltak ezen a földön élni, a dinoszauruszoknak állandóan eledel után kellett nézniük. Az Édenkerttel ellentétben, ahol minden bőséges volt, a föld nem tudott annyi eledelt termelni, amely elég lett volna a nagytestű dinoszauruszoknak. Megették a gyümölcsöket, magokat, növényeket, majd elkezdték felfalni az állatokat is. Már majdnem tönkretették a környezetet és az élelmiszer láncukat is. Isten úgy döntött végül, hogy többé nem tudja a dinoszauruszokat a földön tartani, és eltüntette őket fentről jövő tűzzel.

Manapság nagyon sok tudós érvel azzal, hogy a dinoszauruszok hosszú ideig laktak a földön. Azt gondolják, hogy több, mint százhatvan millió évig éltek itt. Azonban kielégítő módon egyikük sem tudja megmagyarázni, hogy született ilyen hirtelen ily nagyszámú dinoszaurusz, és hogyan tűntek el olyan hirtelen mind. Ha ilyen nagy állatok ily hosszú ideig fejlődtek, vajon mit ettek, hogy az életüket folytatni tudják?

A fejlődéselmélet szerint mielőtt a különböző dinoszauruszok megjelentek, sok alacsonyabb rendű élő teremtmény kellett hogy ott éljen, erre azonban semmilyen bizonyíték nem létezik. Általában elmondható, hogy ahhoz, hogy bármilyen állatfaj kihaljon, először csökkennie kell a számának, majd idővel teljesen eltűnik a földről.

Azt mondják a tudósok, hogy ez annak tulajdonítható, hogy hirtelen megváltozott az időjárás, a vírusok, egy másik csillag robbanásának következtében sugárzás keletkezett, és egy nagy meteorit csapódott be a földbe. Ha egy ilyen változás eléggé katasztrofális volt ahhoz, hogy az összes dinoszauruszt megölje, az összes többi állat és növény is el kellett volna hogy pusztuljon. Azonban az összes többi növény, madár vagy emlős még ma is él, tehát a valóság nem támasztja alá az evolúció elméletét.

Még mielőtt a dinoszauruszok megjelentek a földön, Ádám és Éva az Édenkertben lakott, ahonnan néha lejöttek a földre. Rá kell jönnöd, hogy a föld története nagyon hosszú.

Több részletet megtudhatsz erről az általam írt „Előadások a Teremtésről," mely a prédikációimat tartalmazza. Innentől kezdve be szeretném mutatni az Édenkert gyönyörű természetét.

Az Édenkert gyönyörű természete

Egy gyönyörű síkságon fekszel az oldaladon, kényelmesen, a síkság tele van friss fákkal és virágokkal, és a fény gyöngéden beborítja a teljes testedet, te meg felnézel a kék égre, ahol tiszta fehér felhők lebegnek, különböző alakokba rendeződve.

Az oldal alján egy tó ragyog gyönyörűen, és egy gyöngéd szellő, mely telítve van édes illatokkal, gyorsan elhalad a tájon.

Mennyország I

Elragadó beszélgetésekbe kezdhetsz azokkal, akiket szeretsz, és boldogságot érzel. Lefeküdhetsz a széles legelőkön, vagy egy halom virágon, és érzed, hogy a finom illat körüllengi a virágokat. Egy fa árnyékába is feküdhetsz, mely nagy, étvágygerjesztő gyümölcsöket terem, és annyit ehetsz ezekből, amennyit csak akarsz.

A tóban és a tengerben különbözőfajta, színes halak vannak. Ha akarod, elmehetsz a közeli tengerpartra, ahol élvezheted a frissítő hullámokat, a fehér homokot, mely ragyog a napfényben. Ha akarod, még úszhatsz is halakkal.

Szép szarvasok, nyulak vagy mókusok, ragyogó szemekkel odajönnek hozzád, és kedveskednek neked. A nagy síkságon számos állat van, melyek egymással játszadoznak, teljes békében.

Ez az Édenkert, ahol létezik a nyugodt béke és öröm teljessége. Ezen a földön valószínűleg sok ember hagyná ott a zsúfolt életét, hogy ebben a békében és derűben éljen, akár rövid időre is.

Bőséges élet az Édenkertben

Azok, akik az Édenkertben laknak, bőségesen ehetnek, és élvezhetik az életet, amennyire csak tetszik nekik, még úgy is, hogy semmiért sem kell megdolgozniuk. Nincsenek aggodalmak, izgalmak, csak öröm, elragadtatás, valamint béke. Mivel minden Isten szabályai szerint történik, az emberek örök életet élvezhetnek, bár semmiért sem dolgoztak meg.

Az Édenkertben, melynek hasonló a környezete, mint a Földé, annak legtöbb jellemzőjét fellelhetjük. Azonban, mivel nincs szennyeződés, és nem is változik a teremtése óta, az Édenkert környezete megőrzi a tiszta és szép jellemzőit, azzal ellentétben, ami a Föld környezetével történik.

Bár az emberek az Édenkertben többnyire semmit sem viselnek magukon, nem szégyenkeznek, és nem is akarnak házasságtörést elkövetni, mert nem vétkes természetűek, és nincs gonosz a szívükben. Olyan, mintha egy újszülött játszana szabadon, meztelenül, teljesen gondtalanul és úgy, hogy nincs tudatában annak, vajon mások mit gondolnak vagy mondanak róla.

Az Édenkert környezete alkalmas az emberek számára, hogy meztelenek legyenek, tehát teljesen gondtalanul élhetnek így. Milyen jó ez, hisz nincs annál rosszabb, mint amikor a rovarok vagy tüskék megsértik a bőrt!

Néhányan ruhában vannak. Ők a különböző létszámú csoportok vezetői. Szabályok és parancsok is léteznek az Édenkertben. Minden csoportban van egy vezető, és a tagok követik az ő utasításait. Másokkal ellentétben a vezetőkön ruha van, de csak azért viselnek ruhát, hogy a pozíciójukat megmutassák, s nem azért, hogy megvédjék, elrejtsék, vagy hogy kidíszítsék önmagukat.

A Genezis 3,8 elméséli, hogy az Édenkertben változhat a hőmérséklet: *„És meghallák az Úr Isten szavát, a ki hûvös alkonyatkor a kertben jár vala; és elrejtõzék az ember és az õ felesége az Úr Isten elõl a kert fái között."* Rájöhetsz, hogy az embereknek „hűvös" érzelmeik vannak az Édenkertben, ez viszont nem jelenti azt, hogy egy forró napon izzadniuk kell, vagy hogy ellenőrizhetetlenül vacognának egy hideg napon, mint ahogy tennék ezen a földön.

Az Édenkert mindenkor a legkényelmesebb hőmérsékletű, a

nedvességtartalom és a szél is ilyen, s így nincs kényelmetlenség, melyet az időjárás változása okozna.

Az Édenkertben nappalok és éjszakák sincsenek. Mindig betakarja Isten, az Atya fénye, és mindig azt érzed, hogy nappal van. Az embereknek van idejük pihenni, és tudják, mikor legyenek aktívak, és mikor pihenjenek, mert változik az idő.

Az időjárás változása nem olyan mértékű, hogy kényelmetlenséget okozzon az embereknek: túl hideget vagy túl meleget. Olyan fokú kényelmet éreznek az időjárás hatására, hogy egy gyöngéd szélben pihenni tudnak majd.

2. Az emberek a földön művelődnek

Az Édenkert olyan széles és nagy, hogy a méretét el sem tudjuk képzelni. Körülbelül egymilliárdszor nagyobb, mint ez a föld. Az Első Mennyország, ahol az emberek csak hetven vagy nyolcvan éves korukig élhetnek, végtelennek tűnik, a mi Naprendszerünktől további galaxisokig terjed. Mennyivel lesz akkor nagyobb az Édenkert – ahol az emberek anélkül sokasodnak, hogy a halált valaha megtapasztalnák – mint az Első Mennyország?

Ugyanakkor, függetlenül attól, hogy mennyire szép, bőséges és nagy az Édenkert, semmilyen helyhez nem hasonlítható a mennyben. Még a Paradicsom is, mely a Mennyország várószobája, egy sokkal szebb és boldogabb hely. Az Édenkertbeli örök élet nagyon különbözik a mennyországbeli örök élettől.

Ha megvizsgáljuk azt, hogy Isten különböző lépéseken keresztül hogyan vezette ki Ádámot az Édenkertből, majd hogyan művelte őt a földön, észrevesszük, hogy az Édenkert nagyban különbözik a mennyei Várószobától.

A jó és a rossz tudásának fája az Édenkertben

Az első ember, Ádám bármit megehetett, amit akart, az összes teremtményt maga alá rendelhette, valamint örök életet élhetett az Édenkertben. Azonban, olvassuk el a Genezis 2,16-17 részeket, ahol Isten ezt parancsolja az embernek: *„És parancsola az Úr Isten az embernek, mondván: A kert minden fájáról bátran egyél. De a jó és gonosz tudásának fájáról, arról ne egyél; mert a mely napon ejéndel arról, bizony meghalsz."* Bár Isten Ádámnak megadta a tekintélyt, hogy az összes teremtményt maga alá rendelheti, valamint szabad akaratot is adott neki, szigorúan megtiltotta a számára, hogy a jó és a rossz tudásának fájáról egyen. Az Édenkertben számos olyan színes, gyönyörű és ízletes gyümölcs van, amely nem hasonlítható össze a földön találhatókkal. Isten az összes gyümölcsöt Ádám ellenőrzése alá adta, s így ő annyit ehetett ezekből, amennyit csak akart.

A jó és a rossz tudásának fájáról származó gyümölcs egy kivétel volt azonban. Ezáltal rá kell jönnöd egy dologra: Isten tudta, hogy Ádám enni fog erről a fáról, de nem csak egyszerűen „hagyta," hogy ezt megtegye. Sokan félreértik, és azt gondolják, hogy Isten tesztelte Ádámot azzal, hogy a fát elhelyezte, ahol elhelyezte, de mivel ő tudta, hogy Ádám majd megteszi ezt, nem logikus, hogy olyan szigorúan ráparancsolt. Tehát láthatod, hogy Isten nem azért tette szándékosan oda a fát, hogy megengedje Ádámnak, hogy egyen róla, vagy hogy tesztelje őt.

Ahogy Jakab 1,13 – ban találjuk: *„Senki se mondja, mikor*

kísértetik: Az Istentől kísértetem: mert az Isten gonoszsággal nem kísérthető, ő maga pedig senkit sem kísért." Isten senkit sem tesztel.

Akkor adódik a kérdés: miért helyezte el Isten a jó és a rossz tudásának a fáját az Édenkertbe? Ha örömtelinek, boldognak érzed magad, ez azért van, mert már megtapasztaltad ennek az ellenkezőjét: a szomorúságot, fájdalmat, és a bánatot. Ugyanígy, ha tudod, hogy a jóság, igazság és a fény jó dolgok, ez azért van, mert megtapasztaltad és tudod, hogy a gonoszság, igazságtalanság, valamint a sötétség rossz dolgok.

Ha nem tapasztaltad meg ezt a viszonylagosságot, nem érezheted a szívedben, milyen jó a szeretet, jóság és a boldogság, még ha tudod is a fejedben, mert már hallottál ezekről.

Például tudhatná egy olyan személy, aki soha nem volt beteg, vagy nem látott senkit sem betegen, hogy mi a betegség? Ez a személy még azt sem tudná, hogy viszonylag jó dolog egészségesnek lenni. Ugyanígy, ha egy személy soha nem szűkölködött, valamint senkit sem látott szűkölködni, mennyit tudhatna a szegénységről? Ez a személy nem tudná, hogy jó dolog „gazdagnak" lenni, függetlenül attól, hogy mennyire gazdag ő. Ha valaki nem tapasztalta meg a szegénységet, nem lehet a szíve mélyéből, igazán hálás.

Ha valaki nem ismeri azoknak a jó dolgoknak az értékét, amelyeket birtokol, nem tudja annak a boldogságnak az értékét, amelyet élvezhet. Ha valaki megtapasztalta a betegség, szomorúság vagy szegénység fájdalmát, képes lenne szíve mélyéről érezni a hálát, amit akkor érezne, ha az egészség és boldogság nyomán elöntené a boldogság érzése. Ez az oka annak, hogy Isten el kellett helyezze a jó és a rossz tudásának fáját. Ádám és Éva, akiket kivezettek az Édenkertből, megtapasztalta ezt a relativitást és megélte azt a szeretetet és áldásokat, amelyeket Isten adott nekik. Csak ekkor válhattak Isten igaz gyermekeivé, akik tudták az igazi boldogság és élet értékét.

Isten nem szándékosan vezette Ádámot erre az útra. Ádám szabad akaratából döntött úgy, hogy ellenszegül Isten akaratának. Isten eltervezte az ember művelését, az Ő szeretetével és igazságosságával.

Isten gondviselése az emberek művelésében

Amikor az Édenkertbeli embereket kiűzték és elkezdődött a művelésük ezen a földön, mindenféle szenvedést meg kellett tapasztalniuk, mint a könnyek, fájdalom, szomorúság, betegség és halál. De ez elvezette őket oda, hogy megérezzék az igazi boldogságot és élvezzék az örök életet a mennyben, melyért nagy hálával tartoztak.

Isten nagyszerű szeretetének és tervének ez egy kiváló példája, ahogy az emberek ez által a művelés, fejlesztés által az Ő igaz gyermekeivé válhatnak. A szülők nem gondolják, hogy időveszés, ha nevelik, és néha megbüntetik a gyermekeiket, ha ez igazi változást hoz és a gyermekeiket sikeressé teszi. Ha a gyerekek hisznek a dicsőségben, amiben később részesülnek, türelmesek lesznek és megelőznek minden nehéz helyzetet és akadályt.

Hasonlóképpen, ha hiszel az igaz boldogságban, mely a mennyekben létezik, a földi művelés és tanulás nem tűnik fájdalmasnak vagy nehéznek. Ehelyett hálás leszel, hogy Isten Igéje szerint élhetsz, mivel reménykedsz a dicsőségben, amit később fogsz megtapasztalni.

Kit fog Isten kedvesebbnek gondolni: azokat, akik igazán hálásak Neki, miután számos nehézséget megtapasztaltak a földön, vagy az Édenkertbeli embereket, akik nem igazán értékelik azt, ami megadatott nekik, még úgy sem, hogy egy gyönyörű és bőséges helyen élhetnek?

Isten művelte Ádámot, akit kivezetett az Édenkertből, és az ő leszármazottait is műveli, hogy az Ő igaz gyermekeivé váljanak. Amikor ez a művelés véget ér és a házak készen állnak a mennyben, az Úr visszatér hozzánk. Ha a mennyben laksz, örök boldogságod lesz, mivel még a mennyország legalsóbb szintje sem hasonlítható össze az Édenkert szépségével.

Rá kell jönnöd, hogy Isten gondviselése megnyilvánul az emberi művelésben és harcban, melynek célja, hogy az Ő gyermekeivé válhassunk, akik az Ő szavának megfelelően cselekednek.

3. A Mennyország várószobája

Ádám leszármazottai, akik ellenszegültek Istennek, azt a sorsot kapják, hogy egyszer meghalnak, majd szembesülnek a nagy Ítélettel (A zsidókhoz írt levél 9,27). Azonban az emberek lelkei halhatatlanok, s így vagy a mennybe, vagy a pokolba jutnak.

De nem egyenesen mennek oda, hanem várakoznak a Váróteremben, vagy a pokolban, vagy a mennyben. Milyen hely ez a Várószoba, ahol az Isten gyermekei várakoznak?

A Lélek elhagyja a testet az élet végén

Amikor egy ember meghal, a lélek elhagyja a testet. A halál után bárki, aki korábban nem szembesült ezzel, nagyon meg fog lepődni, amikor pontosan ugyanazt a személyt fogja látni (magát) feküdni. Még ha hívő is ő, milyen furcsa lesz a számára, amikor a lelke elhagyja a testét?

Amikor a háromdimenziós világból, ahol most is élünk, átmegyünk a négydimenziós világba, minden nagyon más lesz. A test nagyon könnyűnek érzi magát, mintha repülne. Azonban miután a lélek elhagyja a testet, nem lesz teljes a szabadságunk.

Ahogy a kismadarak sem tudnak repülni közvetlenül a születésük után, bár szárnyakkal születnek, neked is időre lesz szükséged ahhoz, hogy a szellemi világhoz alkalmazkodj, és megtanuld az alapdolgokat.

Azok, akik Jézus-hittel halnak meg, két angyallal körülvéve mennek fel a Felső Sírba. Ott megtanulják a mennybéli életet az angyaloktól vagy a prófétáktól.

Ha elolvasod a Bibliát, rájössz, hogy kétféle sír létezik. Az ősatyák, mint Jákob és Jób azt mondják, hogy a haláluk után a sírba mennek (Teremtés 37,35; Jób 7,9). Kóré és a csoportja, akik ellenezték Mózest, aki Isten embere volt, élve estek a sírba (Mózes negyedik könyve 16,33).

Lukács 16 egy gazdag embert mutat be, valamint egy koldust, akinek a neve Lázár, akik mindketten a sírba mennek, miután meghalnak, és rájövünk, hogy nem ugyanabban a „sírban" vannak. A gazdag ember nagyon szenved a tűzben, míg Lázár

Ábrahám oldalán pihen, távol a másik embertől. Tehát létezik egy sír azoknak, akik megmenekülnek, és egy másik azok számára, akik nem. Az a sír, ahol Kóré és az emberei, valamint a gazdag ember találta magát, a Hadészben van, mely a pokol része, de az a sír, ahol Lázár találta magát, az a Felső Sír, mely a Mennyországban van.

Háromnapos várakozás a Felső Sírban

Az Ótestamentum ideje alatt azok, akik megmenekültek, a Felső sírban várakoztak. Mivel Ábrahám a hit ősatyja, és a Felső Sírért felel, Lázár a koldus Ábrahám oldalán van Lukács 16-ban. Azonban, miután az Úr feltámadt és felment a mennybe, azok, akik megmenekülnek, már nem jutnak a Felső Sírba, Ábrahám mellé. Három napig tartózkodnak a Felső Sírban, majd a Paradicsomba mennek valahová. Azaz az Úrral lesznek a Mennyország Várószobájában.

Ahogy János 14,2 – ben található: *„Az én Atyámnak házában sok lakóhely van; ha pedig nem [volna], megmondtam volna néktek. Elmegyek, hogy helyet készítsek néktek"* miután feltámadt és felment a Mennybe, ahol minden hívő számára előkészít egy helyet. Mivel az Úr előkészíti a helyet Isten gyermekeinek, azok, akik megmenekülnek, várakoznak a Mennyország Várószobájában, valahol a Paradicsomban.

Néhányan azon tűnődhetnek, hogy a Teremtés óta a sok megmenekült lélek hogy férhet el mind a Paradicsomban, de nincs ok az aggodalomra. A Naprendszer, amelynek a Földünk a része, csak egy pont a teljes galaxishoz képest. Akkor milyen nagy a galaxis? A teljes Univerzumhoz képest egy galaxis csak egy kis pont. Akkor milyen nagy az Univerzum? Ez az Univerzum csak egy a sok közül, s így lehetetlen felfogni, mekkora a teljes Univerzum. Ha ez a fizikai világ ily nagy, akkor mennyivel lehet nagyobb a szellemi világ?

A Mennyország Váróhelye

Milyen hely a Mennyország Váróhelye, ahol azok várakoznak, akik megdicsőülnek, miután három napig próbáltak tanulni és alkalmazkodni a Felső Sírban? Amikor az emberek szép tájat látnak, ezt mondják: „Ez a földi Paradicsom" vagy: „Olyan, mint az Édenkert!" Azonban az Édenkert semmilyen szépséghez nem hasonlítható a földön. Az emberek az Édenkertben nagyszerű, álomszerű életet élnek, tele boldogsággal, békével és örömmel. Azonban ez csak az evilági embereknek tűnik jónak. Ha bejutottál a mennybe, azonnal túllépsz ezen a gondolaton.

Amint az Édenkert nem hasonlítható össze a földdel, a Mennyország sem hasonlítható össze az Édenkerttel. Alapvető különbség van a boldogság között, ami az Édenkertben létezik, mely a Második Mennyország része, és a másik boldogság között, mely a Paradicsom Várószobájában létezik, mely a Harmadik Mennyországban van. Ez azért van, mert azok az emberek, akik az Édenkertben vannak nem igazán Isten igaz gyermekei, akiknek a szívét kiművelték.

Hadd szolgáljak itt egy példával, hogy jobban megérthesd ezt. Mielőtt létezett volna az elektromosság, a koreai ősök kerozin lámpákat használtak. Ezek a lámpák nagyon sötétek voltak a mostaniakkal összehasonlítva, de nagyon értékesek voltak, amikor éjjel sötét volt. Miután az emberek kifejlesztették és használták a villamosságot, mindenkinek elérhető lett az elektromos áram. Azok számára, akik hozzászoktak a kerozin lámpákhoz, és csak ilyeneket láttak, az elektromos lámpák annyira csodálatosak voltak, és teljesen bámulatba ejtette őket a fényük.

Ha azt mondod, hogy ez a világ tele van teljes sötétséggel, semmilyen fény nélkül, azt mondhatod, hogy az Édenkert kerozin lámpával világított, míg a Mennyország az a hely, amelyet elektromos lámpák világítanak ki. Amint a kerozin világítás teljesen más, mint az elektromos világítás (bár mindkettő világításra való), úgy a Mennyország Várószobája is teljesen más, mint az Édenkert.

A Paradicsom szélén található Várószoba

A Mennyország Váróhelye a Paradicsom szélén található. Azok számára való a Paradicsom, akiknek a legkevesebb a hite, és a legtávolabb vannak Isten Trónjától. Egy nagyon nagy hely.

Azok, akik a Paradicsom szélén várnak, a prófétáktól tanulnak spirituális ismereteket. Megismerik Istent mint Szentháromságot, a mennyországot, a spirituális világ szabályait, és így tovább. Az ilyen ismeretek határtalanok, tehát a tanulásnak nincs vége. Azonban a spirituális dolgok megtanulása soha nem unalmas vagy nehéz, a földi tanulmányokkal ellentétben. Minél többet tanulsz, annál jobban csodálkozol és felvilágosulsz.

A földön azok, akiknek tiszta és jámbor a szíve, képesek Istennel kommunikálni, és elérhetik a szellemi tudást. Mivel a szellemi szemük kinyílik, sokan képesek látni a spirituális világot. Léteznek olyan emberek, akik a Szentlélek sugallatára érzik a spirituális dolgokat. Megtudnak dolgokat a hitről vagy azokról a szabályokról, amelyek arra vonatkoznak, hogyan kaphatnak válaszokat az imáikra, hogy még ezen a fizikai világon is, megtapasztalhassák Isten hatalmát, amely a szellemhez tartozik. Ha megtanulod a spirituális dolgokat és megtapasztalod őket ezen a fizikai világon, nagyon boldog és erőteljes leszel. Mennyivel örömtelibb és boldogabb lennél, ha megtanulhatnád alaposan a spirituális dolgokat a mennyei Váróteremben!

Meghallva a világ híreit

Milyen életet élvezhetnek az emberek a mennyország Várószobájában? Megtapasztalják az igazi békét és arra várakoznak, hogy az örök helyükre mehessenek a mennyországban. Semmiben sem szenvednek hiányt, és boldogságot és elragadtatást élveznek. Nemcsak úgy elütik az időt, hanem továbbra is számos dolgot megtanulnak az angyaloktól és a prófétáktól.

Kijelölt vezetőik vannak és rendben élnek. Tilos lejönniük erre a földre, s így mindig kíváncsiak arra, hogy mi történik itt. Nem érdeklik őket a világi dolgok, de minden, ami Isten Királyságával kapcsolatos, számíthat az érdeklődésükre, úgy mint: „Hogy van az az egyház, amelyet szolgáltam? Mennyit valósított meg a neki adott feladatokból? Milyen állapotban van a világmisszió?"

Nagyon boldogok, amikor híreket hallanak erről a világról azoktól az angyaloktól, akik le tudnak jönni erre a földre, vagy az

Mennyország I

Új Jeruzsálembeli prófétáktól.

Isten egyszer feltárta előttem, hogy mi van azokkal az egyháztagjainkkal, akik jelenleg a mennyország Váróhelyén vannak. Különböző helyeken imádkoznak, és arra várnak, hogy híreket kapjanak a templomunkról, amelyet alapítottam. Különösen érdeklődnek a templomunknak adott feladatok iránt, amelyek közül a világmisszió és a Nagy Szentély megépítése a legfontosabb. Amikor jó híreket hallanak, nagyon boldogok ők. Amikor arról hallanak, hogy a tengerentúli misszióink segítségével hogyan dicsőítjük Istent, lelkesednek és elégedettek, hogy fesztiváljuk van.

Hasonló módon az emberek a mennyország Váróhelyén boldog és elragadó időt töltenek, mivel néha meghallják a híreket a földről.

A Mennyország Várószobájának szigorú rendje

A különböző szintű emberek, akik a Mennyországban különböző helyekre kerülnek az Ítélet Napja után, mindannyian a mennyei Váróteremben laknak, de a rangokat pontosan betartják. Azok az emberek, akiknek kevesebb hitük van, úgy mutatják ki a tiszteletüket azok iránt, akiknek több hitük van, hogy a fejüket lehajtják. A spirituális rangok nem aszerint születnek, hogy kinek milyen földi pozíciója volt, hanem milyen mértékben voltak elégedettek és hűségesek az Isten-adta feladataikban.

Ily módon a rangok szigorúan megőrződnek, mivel az Igazság Istene uralkodik a mennyek fölött. Mivel a rang a fény erősségén alapszik, valamint a jóság mértékén és a hívők szeretetének mértékén is, senki nem panaszkodhat. A mennyekben mindenki betartja a spirituális rangokat és rendet, mert a megdicsőültek fejében nincsen gonoszság. Ez a rend és a különböző fajta dicsőségek nem váltanak ki erőszakos engedelmeskedést. Az engedelmeskedés az igaz és őszinte szívekből származó szeretet és tisztelet miatt van. Ezért a mennyei Várószobában tisztelik azokat, akik előttük vannak a szívükben és a fejük lehajtásával mutatják ki a szeretetüket irántuk, mivel természetesen érzik a spirituális különbséget.

4. Emberek, akik nem maradnak a Váróhelyen

Mindazon emberek, akik a mennyország megfelelő helyeire fognak bejutni, jelenleg a Paradicsom szélén vannak, mely a Mennyország váróhelye. Azonban vannak különbségek. Azok, akik Új Jeruzsálembe mennek majd, mely a Mennyország legszebb helye, egyenesen Új Jeruzsálembe mennek majd, és segítik Isten munkáját. Ezek az emberek, akik szíve tiszta és szép, mint az Isten, Isten különleges szeretetében és gondoskodásában élnek.

Segíteni fogják Isten munkáját Új Jeruzsálemben

Hol lehetnek a hit ősatyái, akik szentesültek és Isten összes házában hűségesek voltak, mint amilyen Éliás, Énok, Ábrahám, Mózes és Pál apostol volt? Vajon a Paradicsom szélén, a mennyei Várószobában vannak? Nem. Mivel ezek az emberek teljesen szentesültek és teljesen hasonlítanak Isten szívére, ők már Új

Jeruzsálemben vannak. Mivel azonban az Ítélet még nem jött el, nem mehetnek a megfelelő, örök házukba.

Akkor hol laknak Új Jeruzsálemen belül? Új Jeruzsálem, melynek széle, hossza és magassága ezerötszáz, létezik egy pár spirituális hely, melyeknek különbözőek a dimenziói. Van egy hely Isten Trónjának, néhány olyan hely, ahol házak épülnek, továbbá olyan helyek is, ahol a hit ősatyái, akik már bementek Új Jeruzsálembe, együtt dolgoznak az Úrral.

Azok az ősatyái a hitnek, akik már Új Jeruzsálemben vannak vágynak az után a nap után, amikor bemehetnek az örök helyükre, míg segítenek Isten munkájában, mely előkészíti mindannyiunk számára a megfelelő helyet. Nagyon vágynak az örök házukra, mivel ide csak Jézus Krisztus második megjelenése után (mely a levegőben fog megtörténni) mehetnek, a hétéves menyegző és a földi Millennium után.

Pál apostol, aki tele volt a mennyország iránti reménnyel, a következőket vallotta Timóteus 4,7-8 – ban:

> *„Ama nemes harczot megharczoltam, futásomat elvégeztem, a hitet megtartottam: Végezetre eltétetett nékem az igazság koronája, melyet megád nékem az Úr ama napon, az igaz Bíró; nemcsak nékem pedig, hanem mindazoknak is, a kik vágyva várják az õ megjelenését."*

Azok, akik megharcolják a jó harcot, és reménykednek az Úr visszatérésében, határozott reményük van a mennyei helyük és jutalmaik tekintetében. Ez a hit és remény növekedhet, ha többet tudsz a szellemi birodalomról, és ezért magyarázom el részletesen a mennyországot.

A Második Mennyországban lévő Édenkert vagy a Harmadik Mennyországbeli Várószoba sokkal szebb, mint a föld, de még ezek a helyek sem hasonlíthatóak össze Új Jeruzsálem szépségével és dicsőségével, mely helyet ad Isten Trónjának.

Ezért az Úr nevében imádkozom, hogy Pál apostol reményével és hitével szaladj Új Jeruzsálem felé, sőt, számos más lelket is vezess a megdicsőülés útjára úgy, hogy az evangéliumot hirdeted, akár az életed árán is.

Harmadik fejezet

A hétéves lakodalmi mulatság

1. Jézus visszatérése és a hétéves menyegző
2. A Millennium
3. A Mennyországot az Ítélet Napja után lehet elérni

*Boldog és szent, a kinek része van
az első feltámadásban:
ezeken nincs hatalma a második halálnak;
hanem lesznek az Istennek
és a Krisztusnak papjai,
és uralkodnak ő vele ezer esztendeig.*

- Jelenések könyve 20,6 -

Mielőtt megkapod a jutalmadat és elkezded a mennyei örök életedet, átmész a Fehér Trónus ítéletén. A Nagy Ítélet napja előtt megtörténik az Úr második eljövetele a levegőben, a hétéves menyegző, az Úr visszajövetele a földre, és a millennium.

Mindezt azért készítette elő az Úr, hogy megvigasztalja az Ő szeretett gyermekeit, akik megőrizték a hitüket ezen a földön, és hogy megengedje nekik, hogy megkóstolják a Mennyországot.

Ezért azok, akik hisznek az Úr második eljövetelében és reménykednek abban, hogy találkoznak majd Vele, aki a mi vőlegényünk, várakozni fognak a hétéves lakodalmi ünnepségre és a Millenniumra. Isten szava, melyet a Biblia rögzít igaz, és az összes prófécia beteljesedik manapság.

Bölcs hívőnek kell lenned és a legjobb tudásod szerint kell magad felkészítened arra, hogy az Ő menyasszonya légy, és rá kell jönnöd: ha nem vagy éber és nem az Ő szava szerint élsz, az Úr napja úgy fog eljönni, mint a tolvaj, és te halálba esel.

Nézzük meg részletesen azokat a csodálatos dolgokat, amelyeket Isten gyermekei meg fognak tapasztalni mielőtt a mennyekbe mennek, mely oly tiszta és gyönyörű, mint a kristály.

1. Jézus visszatérése és a hétéves menyegző

Pál apostol ezt írja a rómaiakhoz írt levél 10,9 versében: *"Mert ha a te száddal vallást teszel az Úr Jézusról, és szívedben hiszed, hogy az Isten feltámasztotta őt a halálból, megtartatol."* Hogy elérd a megmentést, nemcsak hogy hinned kell Jézusban mint Megmentődben, hanem a szívedben is el kell hinned, hogy Ő meghalt és újra felkelt a halottaiból.

Ha nem hiszel Jézus feltámadásában, a saját eljövendő feltámadásodban sem hihetsz, amely az Úr második eljövetelekor történik majd. Még az Úr visszatérésében sem leszel képes hinni. Ha nem vagy képes a mennyország és a pokol létezésében hinni, nem lesz hited Isten szava szerint élni, és így nem nyerheted meg a megmentést.

A keresztény élet végső célja

A korinthusiakhoz írt első levél 15,19 verse ezt tartalmazza: *"Ha csak ebben az életben reménykedünk a Krisztusban, minden embernél nyomorultabbak vagyunk."* Isten gyermekei a hitetlenekkel ellentétben templomba járnak, részt vesznek az istentiszteleteken, és minden vasárnap az Urat szolgálják, számtalan módon. Annak érdekében, hogy Isten szava szerint éljenek, gyakran böjtölnek, komolyan imádkoznak Isten szentélyében kora reggel vagy késő este, még úgy is, ha szívesebben pihennének.

Nem a saját előnyeiket keresik, hanem másokat szolgálnak és Isten királyságáért feláldozzák magukat. Ha nem lenne mennyország, a hívőket kellene a legjobban sajnálni. Azonban teljesen bizonyos, hogy az Úr visszatér, hogy elvigyen téged a Mennyországba, ahol egy gyönyörű helyet készít neked. Aszerint fog megjutalmazni téged, hogy mit vetettél és tettél ezen a világon.

Jézus ezt mondja Máté 16,27-ben: *"Mert az embernek Fia eljõ az õ Atyjának dicsõségében, az õ angyalaival; és akkor megfizet mindenkinek az õ cselekedete szerint."* Itt, a „megfizet mindenkinek az õ cselekedete szerint" nem egyszerűen azt jelenti, hogy valaki a mennybe vagy a pokolba kerül. Még a hívők között is, akik a Mennyországba jutnak, a jutalom vagy a dicsőség, amit kapnak különböző mértékű, annak megfelelően, hogy hogyan éltek ezen a földön.

Vannak, akik sérelmezik és félnek attól, hogy az Úr másodszor is visszatér. Azonban, ha tényleg szereted az Urat és reménykedsz a Mennyországban, természetes, hogy várod az Úrral való mihamarabbi találkozást. Ha ezt vallod a szájaddal: „Szeretlek, Uram," de nem tetszik az ötlet, sőt, félsz attól, hogy az Úr másodszor is hamarosan visszatérhet, nem állíthatod, hogy valóban szereted az Urat.

Ezért, az Urat, a te vőlegényedet örömmel kell várnod, várakoznod kell az Ő második eljövetelére a szívedben, és fel kell készítened magad, mint az Ő menyasszonyát.

Az Úr második eljövetele a levegőben

A thesszalonikaiakhoz írt első levél 4,16-17. versei így szólnak: *„Mert maga az Úr riadóval, arkangyal szózatával és isteni harsonával leszáll az égbõl: és feltámadnak elõször a kik meghaltak volt a Krisztusban; Azután mi, a kik élünk, a kik megmaradunk, elragadtatunk azokkal együtt a felhõkön az Úr elébe a levegõbe; és ekképen mindenkor az Úrral leszünk."*

Amikor az Úr ismét eljön a levegőben, Isten minden gyermeke egy spirituális testté válik és felmegy a levegőbe, hogy az Úrral találkozzon. Volt néhány olyan ember, aki megmenekült és meghalt. A testüket eltemetik, azonban a lelkük a Paradicsomban várakozik. Az ilyen emberekre mondjuk azt, hogy „az Úrban alszanak." A lelkük egyesülni fog a szellemi testükkel, amely a régi, eltemetett testükből alakult ki. Őket azok követik, akik az Úrral találkoznak anélkül, hogy a halált látták volna, spirituális testté váltak volna, és a levegőbe mentek volna.

Isten lakodalmi menyegzőt tart a levegőben

Amikor az Úr visszatér a levegőben, mindenki, aki a Teremtés óta megdicsőült, megkapja az Urat vőlegényül. Ekkor Isten megrendezi a hétéves menyegzőt, hogy megvigasztalja a gyermekeit, akik a hit által dicsőültek meg. Később biztosan megkapják a jutalmukat a mennyben a tetteikért, de most az Úr ezt a lakodalmat a levegőben az összes Gyermeke megvigasztalásáért rendezte.

Például, ha egy tábornok nagy dicsőséggel tér vissza, mit tesz a király? Számos jutalmat ad a tábornoknak, a rendkívüli teljesítményéért. Lehet, hogy a király ad neki egy házat, földeket, pénzbeli jutalmakat, vagy még egy partit is rendez, hogy a szolgálatáért megfizesse őt.

Ugyanígy, Isten megajándékozza a gyermekeit azzal a hellyel, ahol lakhatnak, majd mennyei jutalmakat ad nekik a Nagy Ítélet után, de még ezek előtt, egy lakodalmi menyegzőt is tart, hogy a gyermekei jól érezhessék magukat és az örömüket megoszthassák. Bár mindenki különbözőképpen szolgálta Isten királyságát ezen a földön, a menyegző azért tarttatik, hogy egyáltalán megmenekültek.

Hol van „a levegő," ahol a hétéves lakodalom lesz majd? A

"levegő" nem a szabad szemmel látható égre vonatkozik. Ha ez a "levegő" csak az az ég lenne, amit a szemünkkel is láthatunk, mindenki aki megmenekül, részt kell hogy vegyen benne, a levegőben lebegve. Olyan sok ember kell hogy legyen, aki a teremtés óta megmenekült, hogy mindannyian biztos nem férnének el az égen, amelyet ismerünk.

A lakodalmat jól megtervezik, előre és részletesen, mivel Isten Maga tervezi meg azt, hogy a Gyermekeit megvigasztalja. Van egy olyan hely, amelyet Isten már régóta rendelkezésre bocsát nekünk, és ez a "levegő," amit Isten a hétéves menyegzőre előkészített, és ez a hely a Második Mennyországban van.

A "levegő" a Második Mennyországban van

Az efezusiakhoz írt levél 2,2 verse arról az időről beszél *"Melyekben jártatok egykor e világ folyása szerint, a levegőbeli hatalmasság fejedelme szerint, ama lélek szerint, mely most az engedetlenség fiaiban munkálkodik;"* Tehát a "levegő" az a hely, ahol a gonosz lelkeknek tekintélye van.

Azonban az a hely, ahol a hétéves menyegző lesz és az a hely, ahol a gonosz lelkek vannak, nem egy és ugyanaz. Azért használják ugyanazt a kifejezést: "levegő" mindkét esetben, mert mindkettő a Második Mennyország része. Még a Második Mennyország sem egyetlen hely, hanem különböző kerületekre oszlik. A fennebb említett két hely jól elkülönül egymástól.

Isten egy új spirituális birodalmat alkotott, melynek Második Mennyország a neve, úgy, hogy a teljes szellemi birodalom egy részét elkülönítette. Aztán Ő két részre osztotta azt. Az egyik rész az Édenkert, mely az Istentől jövő fény helye, míg a másik a sötétség területe, melyet Isten a gonosz szellemeknek adott.

Isten megalkotta az Édenkertet, ahol Ádám lakott addig, amíg az emberi fejlődés elkezdődött, az Édenkert keleti részében. Isten Ádámot belehelyezte ebbe a kertbe. Isten a sötétség birodalmát a gonosz szellemeknek adta, és megengedte nekik, hogy ott maradjanak. A sötétség ezen része és az Éden szigorúan elkülönül egymástól.

A hétéves menyegző helye

Akkor hol lesz a hétéves menyegző helye? Az Édenkert csupán egy része az Édennek, és az Édenben számos másik hely is van. Ezek közül az egyikben Isten felállított egy helyet, ahol a Hétéves Menyegző lesz.

Az a hely, ahol a Hétéves Menyegző lesz, sokkal szebb, mint az Édenkert. Gyönyörűek a fái és a virágai. Sokszínű lámpák ragyognak fényesen, és egy kifejezhetetlenül szép és tiszta természet veszi körül a helyet.

Azért olyan nagy, mert mindenki, aki a teremtés óta megmenekült, részt fog venni a lakodalmon. Van egy nagyon nagy kastély benne, amely elég nagy ahhoz, hogy az összes meghívott elférjen benne. A menyegző ebben a kastélyban lesz, és elképzelhetetlenül boldog pillanatai lesznek. Szeretnélek meghívni téged a kastélyba, a Hétéves Menyegzőre. Remélem érzed annak a boldogságát, hogy az Úr menyasszonya vagy, aki a menyegző tiszteletbeli vendége.

Az Úrral találkozni, egy ragyogó és szépséges helyen

Amikor megérkezel a bankett termébe, egy ragyogó termet fogsz találni, tele ragyogó fényekkel, amilyeneket sohasem láttál még. Azt érzed, hogy a tested könnyebb, mint a tollak. Amikor könnyedén megérkezel a zöld fűre, észreveszed a környezetedet, amit eddig nem láthattál a rendkívül nagy fényesség miatt. Látsz egy eget és egy tavat, mely olyan tiszta, hogy elkápráztatja a szemed. Ez a tó úgy ragyog, mint a drágakő, kiárasztva a gyönyörű színeit, amikor a tó vize fodrozódik.

Mind a négy oldal tele van virágokkal, és zöld erdők veszik körül a teljes területet. A virágok lengedeznek, előre-hátra, mintha integetnének, és olyan édes illatok terjednek, amilyeneket még soha nem éreztél. Hamarosan sokszínű madarak érkeznek, és az énekükkel fogadnak téged. A tóban, mely olyan tiszta, hogy a felszín alatti dolgokat is láthatod, gyönyörűséges halak ugrándoznak, téged fogadva.

Még a fű is, amin állsz, olyan puha, mint a pamut. A szél, amely a ruhádat gyöngéden fújdogálja, lágyan körbefog. Abban a pillanatban egy erős fény éri a szemedet, és egy személyt látsz, amint annak a fénynek a közepén állsz.

Az Úr megölel, ezt mondva: „Menyasszonyom, szeretlek"

Gyöngéd mosollyal az Arcán, Ő hív téged szélesre nyitott kezekkel, hogy odamenj Hozzá. Amikor odamész Hozzá, az Arca világosan kivehető lesz. Első alkalommal látod az Arcát, de nagyon jól tudod, hogy ki Ő. Ő Jézus Urunk, a vőlegényed, akit szeretsz, és egész idő alatt arra vágytál, hogy láthasd. Ebben a pillanatban elkezdenek folyni a könnyeid lefele az arcodon. Nem tudod elállítani a folyásukat, mert eszedbe jut az az idő, amikor itt a földön műveltek és fejlesztettek téged.

Szemtől szemben látod az Urat, akivel még a legnehezebb helyzetekben is boldogulni tudtál, még akkor is, amikor üldöztetésekben és megpróbáltatásokban volt részed. Az Úr odajön hozzád, megölel Téged és a keblére von, és ezt mondja neked: „Menyasszonyom, várva vártam ezt a napot. Szeretlek."

Amint meghallod ezt, még jobban könnyezel. Aztán az Úr gyöngéden letörli a könnyeidet és szorosan átölel téged. Amikor az Ő szemeibe nézel, érzed az Ő szívét. „Mindent tudok rólad. Ismerem a könnyeidet és a fájdalmadat. Csak boldogság és öröm vár rád."

Mióta vágyakoztál erre a pillanatra? Amikor az Ő karjaiban vagy, a legnagyobb békét érzed magadban, és az öröm és bőség átfogja a tested.

Egy puha, mély és szép hangot hallasz, amint magasztalást mond. Aztán az Úr megfogja a kezed, és elvezet oda, ahonnan a hálaadás érkezik.

A menyegzői terem tele van színes fényekkel

Egy pillanattal később meglátsz egy gyönyörű, fényes kastélyt, mely mérhetetlenül lenyűgöző. Amikor a kastély kapuja előtt állsz, az finoman kinyílik és a fényes megvilágítás a kastélyból kiárad. Amikor az Úrral befele haladsz, úgy érzed, mintha húzna valami befele, a fénybe, majd meglátod a termet, amely olyan nagy, hogy alig látod a végét. Gyönyörű díszekkel és tárgyakkal

ékesített, és színes fények áradnak benne.
A magasztalás hangja egyre tisztábban hallatszik, és körbejárja az egész termet. Végül az Úr bejelenti a menyegző kezdetét, és a hangja visszhangzik. Elkezdődik a Hétéves Menyegző, és úgy tűnik számodra, mintha álmodnál.
Érzed a pillanat boldogságát? Természetesen nem mindenki, aki részt vesz a lakodalmon, lehet ily módon az Úrral, mint te. Csak akinek megvan a megfelelő minősítése, mint neked, követheti Őt közelről, és fogadhatja az Úr ölelését.
Fel kell készülnöd, mint menyasszony, és részt kell venned az isteni természetben. Minden ember nem foghatja az Úr kezét, azonban ugyanazt a boldogságot és teljességet fogják érezni ők is, mint te.

Boldog pillanatok élvezete, tánccal és énekléssel

Amint elkezdődik a lakodalmi menyegző, énekelsz és táncolsz az Úrral, Isten, az Atya nevét ünnepelve. Az Úrral táncolsz, a földi dolgokról és időkről beszélsz, vagy a mennyországról, amelyben élni fogsz.
Isten az Atya szeretetéről is beszélsz, és Őt dicsőíted. Azokkal az emberekkel beszélgethetsz, akikkel már régóta szerettél volna.
Amint a gyümölcsöket élvezed, amelyek elolvadnak a szájadban, és iszol az Élet Vizéből, mely az Atya Trónusából ered, a lakodalom kellemesen zajlik tovább. Azonban nem kell a hét év alatt végig a kastélyban tartózkodnod. Időről időre kimész a kastélyból, és örömteli pillanatokat töltesz el.
Melyek azok a boldog tevékenységek és események, amelyek várnak rád a kastélyon kívül? Élvezheted a gyönyörű természetet

úgy, hogy közben barátkozol a fákkal, erdőkkel, virágokkal és madarakkal. Sétálhatsz a szeretett barátaiddal az utakon, melyek gyönyörű virágokkal díszítettek, beszélgethetsz velük, néha meg dicsérheted az Urat tánccal és énekkel. A nagy nyitott tereken számos dolgot élvezhetsz. Például az emberek csónakázhatnak a szeretteikkel a tavon, vagy az Úrral Magával. Úszhatsz, és különböző szórakozáson és játékokban vehetsz részt. Isten részletes szeretete és gondviselése által elképzelhetetlen örömben és élvezetben lehet részed.

A Hétéves Menyegző ideje alatt egyetlen fényt sem oltanak el, soha. Természetesen Éden egy fényes terület és nincs benne éjszaka. Édenben nem kell aludnod és pihenned, ahogy ezen a földön szükséges. Függetlenül attól, hogy milyen hosszan élvezed az eseményeket, soha nem fáradsz el, hanem még boldogabb és elragadtatottabb leszel.

Ezért van az, hogy nem érzed az idő folyását, és a hét év úgy telik el, mint hét nap, vagy akár hét óra. Még akkor is, ha tegyük fel a szüleid, gyermekeid vagy a testvéreid nem emelkedtek fel veled együtt és a Nagy Csapás miatt szenvednek, az idő oly gyorsan telik számodra az örömmel és bánattal, hogy nem is tudsz rájuk gondolni.

További hála azért, hogy megmenekültél

Az Édenkert és a Hétéves Menyegző emberei és résztvevői láthatják egymást, de nem jöhetnek és mehetnek. Úgyszintén, a gonosz szellemek is láthatják a Hétéves Menyegzőt és te is láthatod őket. A vendégek boldogságát és az eseményt látva, a gonosz szellemek nagy fájdalmat szenvednek. Számukra az az elfogadhatatlan fájdalom, hogy nem tudtak még egy embert a pokolba vinni, és oda kellett hogy adják őt Istennek, mint az Ő gyermekét.

A gonosz szellemekre nézel, akik arra emlékeztetnek téged, hogy mennyire fel akartak falni, egy üvöltő oroszlánhoz hasonlóan, amíg ezen a földön műveltek téged.

Még hálásabb leszel Isten, az Úr kegyelméért és a Szentlélek kegyelméért is, aki megvédett téged a sötétség hatalma ellen és elvezetett téged oda, hogy Isten gyermeke lehess. Azok iránt is hálásabb leszel, akik segítettek neked abban, hogy az élet útjára térj.

Tehát a Hétéves Lakodalom nemcsak arra jó, hogy pihenj és megvigasztaljanak azért, hogy a földön szenvedned kellett a tanulásod alatt, de arra is jó ez az idő, hogy eszedbe jusson a földön töltött idő, és még hálásabb legyél Isten szeretetéért.

A mennyei örök életre is gondolsz, mely sokkal kellemesebb lesz, mint a Hétéves Menyegző. A mennyei boldogság nem hasonlítható össze a Hétéves Menyegző boldogságával.

A hétéves Nagy Csapás

Amíg tart a boldog menyegző a levegőben, a földön a Hétéves Nagy Csapás zajlik. A Nagy Csapás mértéke miatt a föld nagy része elpusztul és a legtöbb ember, aki megmarad, meghal később.

Természetesen néhányan megmenekülnek az által, amit úgy hívunk, hogy „maradék megmentés." Sokan itt maradnak ezen a földön az Úr Második Eljövetele után, mert egyáltalán nem hittek, vagy nem megfelelően hittek. Azonban, amikor a Hétéves Csapás alatt megbánják bűneiket, és mártírokká válnak,

megmenekülhetnek. Ezt nevezzük „maradék megmentésnek."
Mártírrá válni a Hétéves Nagy Csapás alatt nem könnyű.
Ha eldöntik az elején, hogy mártírok lesznek, a legtöbben végül elhagyják az Urat, a keserves kínzások és üldöztetések miatt, melyeket az Antikrisztus ad a számukra, aki rájuk erőlteti, hogy a „666" jelet viseljék.

Általában erősen ellenzik, hogy ezt a jelet megkapják, mert ha ezt egyszer megkapják, tudják, hogy a Sátánhoz tartoznak. Egyáltalán nem könnyű a tortúrákat elviselni, amelyek az extrém fájdalmakkal járnak.

Ha megtörténik, hogy valaki legyőzi a szenvedéseket, annál nehezebb számára végignézni a családja szenvedéseit. Ezért nagyon nehéz az, ha valaki a „maradék megmentés" által dicsőül meg. Mivel ez alatt az idő alatt senki sem kaphat segítséget a Szentlélektől, még nehezebb fenntartani a hitet.

Remélem, hogy az olvasók közül senki sem kell hogy szembenézzen majd a Hétéves Nagy Csapással. Azért mesélem el pontosan a Hétéves Csapás részleteit, hogy láthasd, mik a Bibliában leírt világvége eseményei, mert ezek pontosan bekövetkeztek már és be fognak következni.

Egy másik okot azok képezik, akik lent maradnak a földön, miután Isten gyermekeit felkapja a levegő. Míg az igaz hívők felmennek a levegőbe, hogy a Hétéves Menyegzőben részt vehessenek, a földön a Hétéves Nagy Csapás veszi kezdetét.

A mártírok elnyerik a „maradék megmentést"

Miután az Úr visszatér a levegőben lesznek olyanok azok között, akik nem kerültek fel a levegőbe, akik megbánják, hogy nem kellőképpen hittek Jézus Krisztusban.

Ami elvezeti őket a „maradék megmentéshez" az Isten Igéje, melyet a templomban prédikálnak – mely megmutatja Isten hatalmas munkáit is – az idők végeztekor. Megtudják, hogyan menekülhetnek meg, milyen események fognak bekövetkezni, és hogyan kell reagálniuk a világ eseményeire, melyeket Isten szava által jövendölnek meg a számukra.

Lesz néhány ember, aki valóban és igazán megbánja bűneit Isten előtt, és úgy dicsőülnek meg, hogy mártírokká válnak. Ez az úgynevezett „maradék megmentés." Természetesen ezek között az emberek között vannak Izraeliták is. Meg fogják ismerni „a kereszt üzenetét" és rájönnek arra, hogy Jézus, akit ők nem ismertek el, mint a Messiást, valóban Isten fia és az egész emberiség Megmentője. Bűnbocsánatot tartanak, és részesülnek a „maradék megváltásban." Összegyűlnek, hogy közösen növeljék a hitüket, mialatt valamennyien közülük ráeszmélnek Isten szívére és mártírokká válnak, hogy megmeneküljenek.

Ily módon azok az írások, amelyek megmagyarázzák Isten Igéjét nemcsak azért hasznosak, mert sok ember hitét erősítik, hanem azok számára is nagyon fontosak, akik nem emelkednek fel a levegőbe. Rá kell ébredned Isten csodálatos szeretetére és kegyelmére, aki mindent előkészített azok számára, akik az Úr Második Eljövetele után menekülnek meg.

2. A Millennium

Azok a menyasszonyok, akik befejezik a Hétéves Menyegzőt, lejönnek a földre és az Úrral fognak uralkodni ezer évig

Mennyország I

(Jelenések könyve 20,4). Amikor az Úr visszatér a földre, fel fogja takarítani azt. Először a levegőt takarítja meg, majd a teljes természetet megszépíti.

A megtisztított levegőt körülvevő dolgok meglátogatása

Amint egy friss házaspár mézeshetekre távozik, te is kirándulni mész az Úrral, a vőlegényeddel a Millennium alatt, a Hétéves Menyegző után. Mit akarsz majd a legjobban látni? Isten gyermekei, az Úr menyasszonyai meg fogják látogatni a földet, mivel hamarosan el kell majd hagyniuk. Isten minden dolgot megmozdít az Első Mennyországban, úgy mint a föld, ahol az emberi civilizáció lezajlott, a napot, a holdat is más térbe helyezi át a Millennium után.

A Hétéves Menyegző után Isten az Atya gyönyörűen újrarendezi a földet és megengedi neked, hogy uralkodj rajta az Úrral együtt ezer évig, mielőtt Ő újra elmozdítja azt. Ez egy előre eltervezett folyamat Isten gondviseléséből, aki először hat nap alatt megteremtette a földet, a mennyet és a benne található összes dolgot, majd a hetedik napon megpihent. Nem kell szomorúnak lenned azért, hogy elhagyod a földet, hogy az Úrral uralkodsz ezer évig. Ezt a csodálatos időt az Úrral nagyon fogod élvezni ezer évig az újjáépített földön. Meglátogatod az összes helyet, amelyeket nem láttál, amíg a földön éltél, és érezheted ezáltal a boldogságot és örömöt, amelyhez hasonló nem éreztél korábban.

Ezerévnyi uralkodás

Ez alatt az idő alatt nem létezik az ellenséges ördög és Sátán.

Csakúgy, mint az Édenkertbeli élet során, ilyen kényelmes környezetben csak béke és pihenés létezhet. Azok, akik megmenekülnek itt maradnak az Úrral a földön, de nem az érzéki emberekkel élnek, akik túlélték a Hétéves Nagy Csapást. A megdicsőült emberek az Úrral egy elkülönített helyen fognak élni, mint egy királyi palotában vagy kastélyban. Másszóval, a szellemi lények a kastélyban fognak élni, míg az érzéki lények a kastélyon kívül, mivel a szellemi és érzéki lények nem férnek meg egymás mellett egy helyen.

A spirituális emberek már spirituális testekké váltak eddigre, és örök életet élveznek. Úgy élhetnek, hogy a virágok illatára hasonlító illatokat ízlelhetnek, de néha az érzéki emberekkel együtt ehetnek is. Azonban még ha esznek is, nem olyan az anyagcseréjük úgy, mint a hús-vér emberek. Ha fizikai ételt esznek, a levegőn keresztül kiválasztják a lélegzetvételükkel.

Az érzéki emberek arra koncentrálnak, hogy a számukat növeljék, mivel nem lesz túl sok túlélő a Hétéves Nagy Csapás után. Ebben az időben a levegő tiszta lesz, és nem lesznek betegségek vagy gonoszság, és az ellenséges Sátán és az ördög nem lesznek ott. Mivel az ellenséges Sátán és az ördög egy feneketlen lyukban raboskodnak, mely a Mélység maga, az emberei természetben benne rejlő igazságtalanság és gonoszság nem fog hatni (Jelenések könyve 20,3). Mivel nincsen halál, sok emberrel telítődik a föld ismét.

Mit fognak enni a hús-vér emberek? Amikor Ádám és Éva az Édenkertben laktak, csak gyümölcsöket és magtermő növényeket ettek (Teremtés 1,29). Miután Ádám és Éva ellenszegült az Úr akaratának és kivezettettek az Édenkertből, elkezdték megenni a mező növényeit (Teremtés 3,18). Noé árvize után a világ gonoszabb lett és Isten megengedte az emberiségnek, hogy húst egyenek. Látod, hogy minél gonoszabb lett a föld, annál gonoszabb lett az emberek táplálkozása. A Millennium alatt az emberek a mező termését vagy a fák termését ették. Nem ettek húst egyáltalán, csakúgy, ahogy a Noé előtti emberek sem, mert nem létezett a gonoszság vagy az ölés.

Mivel az összes civilizáció elpusztul majd a Nagy Csapás alatt, vissza fognak térni az élet primitív formájára, és sokasodnak majd a földön, melyet az Úr rendezett be nekik újra. Újrakezdik az életet a tiszta természetben, mely nem szennyezett, békés és szép.

Sőt, annak ellenére, hogy a Nagy Csapás előtt egy nagyszerű civilizációt tapasztaltak meg, és sokat tudtak, a mai modern civilizáció nem valósulhat meg egy-vagy kétszáz éven belül. Ahogy az idő múlik és az emberek összegyűjtik a tudást, lehet, hogy képesek lesznek egy civilizációt összehozni, mely a mai civilizáció szintjén áll, a Millennium végén.

3. A Mennyországot az Ítélet Napja után lehet elérni

A Millennium után Isten egy rövid ideig szabaddá teszi az ellenséges Sátánt és az ördögöt, melyek a Mélységben voltak rabságban, mely egy feneketlen gödör (Jelenések könyve 20,1-3). Bár az Úr azért uralkodik a földön, hogy az érzéki embereket és az ő leszármazottaikat, akik túlélik a Nagy Csapást elvezesse az örök életre, tudja, hogy a hitük nem igazi. Így Isten megengedi az ellenséges Sátánnak és az ördögnek, hogy megkísértsék őket. Sokan az érzéki emberek közül beleesnek az ördög csapdájába és a kárhozat útjára térnek (Jelenések 20,8). Isten emberei újra rájönnek, miért kellett Neki megteremtenie a Poklot, valamint megértik az Ő nagy szeretetét, aki igaz gyermekeket akar nyerni az ember művelése által.

A gonosz szellemek, amelyek rövid időre szabaddá válnak újra a feneketlen gödörbe kerülnek, és a Fehér Trónus Nagy Ítélete be fog következni (Jelenések 20,12). Hogyan fog a Fehér Trónus Nagy Ítélete bekövetkezni?

Isten vezeti a Fehér Trónus Ítéletét

1982 júliusában, mialatt azért imádkoztam, hogy egy templomot alapíthassak, részleteket ismerhettem meg a fehér Trónus Ítéletéről. Isten feltárt előttem egy jelenetet, amelyben Ő mindenki fölött ítélkezik. Isten az Atya Trónusa előtt állt az Úr és Mózes, és a Trónus körül emberek álltak, akik az esküdtszék szerepében voltak.

A világi bírókkal ellentétben Isten tökéletes és nem hibázik soha. Azonban az Úrral együtt ítélkezik, aki a szeretet védőügyvédjének a szerepében van, Mózes is ott van, aki a törvény ügyésze, valamint más emberek is, az esküdtszék tagjaiként. A Jelenések könyve 20,11-15 pontosan leírja, hogyan fog Isten ítélkezni.

„És láték egy nagy fehér királyiszéket, és a rajta ülőt, a kinek tekintete elől eltűnék a föld és az ég, és helyök nem találtaték. És látám a halottakat, nagyokat

és kicsinyeket, állani az Isten előtt; és könyvek nyittatának meg, majd egy más könyv nyittaték meg, a mely az életnek [könyve;] és megítéltetének a halottak azokból, a mik a könyvekbe voltak írva, az ő cselekedeteik szerint. És a tenger kiadá a halottakat, a kik ő benne voltak; és a halál és a pokol is kiadá a halottakat, a kik ő nálok voltak; és megítéltetének mindnyájan az ő cselekedeteik szerint. A pokol pedig és a halál vettetének a tűznek tavába. Ez a második halál, a tűznek tava. És ha valaki nem találtatott beírva az élet könyvében, a tűznek tavába veték."

A „nagy fehér trónus" itt Isten Trónjára vonatkozik, aki a bíró. Isten, aki a trónuson ül, olyan fényes, hogy teljesen fehérnek tűnik, elvégzi a végső ítéletet szeretettel és igazságosan, hogy a pernyét és ne a búzát küldje a pokolba.

Ezért hívják néha a Fehér Trónus Nagy Ítéletének. Isten pontosan fog ítélkezni, az „élet könyvének" megfelelően, melybe beleírták azok nevét, akik megmenekülnek, és más könyvek szerint is, melyek minden személy cselekedeteit tartalmazzák.

Aki nem dicsőül, a Pokolba esik

Isten Trónja előtt nemcsak az élet könyve van, hanem mások is, amelyekbe minden személy cselekedeteit feljegyzik, aki nem fogadta el az Urat, vagy akinek nem volt elégséges a hite (Jelenések 20,12).

Attól kezdve, hogy az emberek megszületnek, egészen addig, amikor az Úr elhívta a szellemüket, minden egyes cselekedet bekerül ezekbe a könyvekbe. Például, a jócselekedetek, a káromkodások, valaki megütése, vagy ha valaki dühös másokra, ezeket mind feljegyzik ide az angyalok kezei.

Amint te is rögzíthetsz bizonyos párbeszédeket és eseményeket videó vagy audio felvételekkel, az angyalok a mennyekben leírnak és rögzítenek minden helyzetet a mennyei könyvekbe Isten rendelése alapján. Láthatjuk ebből, hogy A Fehér Trónus Nagy Ítélete hiba nélkül és pontosan meg fog történni. Hogy fogják végrehajtani a Nagy Ítéletet?

Azokról ítélkeznek először, akik nem dicsőültek meg. Ezek az emberek nem jöhetnek Isten elé, hogy ítélkezzen róluk, mert ők bűnösök. Csak Hadészben ítélkeznek róluk, amely a pokol váróhelye. Ha nem is jönnek Isten elé, az ítélet pont olyan szigorúan végre lesz hajtva, mintha Isten előtt történne.

A bűnözők között először azokról ítélkezik Isten, akik bűnei súlyosabbak. Miután mindenkit elítélnek, aki nem menekült meg, valamennyien eljutnak vagy a tűztóba vagy abba a tóba, ahol égő kén található, ahol örök büntetésben lesznek.

A megdicsőültek jutalmakat kapnak a Mennyországban

Miután elítélik azokat, akik nem dicsőültek meg, azok ítélete következik, akik megmenekültek. Ahogy megígérik nekünk a Jelenések könyvének 22,12 részében: *„És ímé hamar eljövök; és az én jutalmam velem [van,] hogy megfizessek mindenkinek, a mint az ő cselekedete lesz"* és a mennyei jutalmak ennek megfelelően jutnak majd mindenkinek.

Azt, hogy ki milyen jutalmat kap, szintén ítélettel döntik

el Isten előtt, békében, mivel Isten gyermekeinek szólnak a jutalmak. Azok vannak elől a sorban, akiknek a legnagyobb és legtöbb jutalom jár, míg a végén azok, akik jutalma a legkevesebb, és aztán Isten gyermekei bejutnak a megfelelő helyükre.

> „És ott éjszaka nem lesz; és nem lesz szükségök szövétnekre és napvilágra; mert az Úr Isten világosítja meg őket, és országolnak örökkön örökké" (Jelenések könyve 22,5).

Annak ellenére, hogy ezen a világon sok nehézség és megpróbáltatás van, mégis mennyire boldog lehetsz, mert megvan a reményed a Mennyországban! Ott örökre élhetsz az Úrral, boldogságban és elragadtatásban, könnyek, fájdalom, szomorúság, betegség vagy halál nélkül.

Csak keveset beszéltem a Hétéves Menyegző és a Millennium eseményeiről, amely alatt az Úrral fogsz uralkodni. Hogyha ezek az idők, amelyek csak előjátékát képezik a mennyei életnek, ily boldogak, mennyivel lesz boldogabb és örömtelibb az élet a Mennyországban? Ezért szaladnod kell a mennyei helyed és jutalmaid felé egészen addig, amíg az Úr visszajön, hogy elvigyen téged.

Miért igyekeztek annyira a hit ősatyái, és miért szenvedtek annyit azért, hogy az Úr szűk útját kövessék a könnyebbik út helyett, amely könnyen elérhető ezen a világon? Böjtöltek és imádkoztak számtalan éjszaka alatt, hogy bűneiket eldobhassák maguktól és elkötelezzék magukat a hitnek, mert megvolt a reményük a Mennyországban. Azért, mert hittek Istenben, aki aszerint fogja jutalmazni őket, hogy mit cselekedtek, és ezért próbáltak oly nagyon szentté válni és hűségesnek lenni Isten minden házában.

Mindezekért: az Úr nevében imádkozom, hogy nemcsak a Hétéves Menyegzőben vehess részt, ahol az Úr karjaiban leszel, hanem Isten Trónusához is közel lehess a mennyekben úgy, hogy a lehető legjobbat adod magadból, és buzgón reménykedsz a Mennyországban.

Negyedik fejezet

A Mennyország titkai, melyek a Teremtés óta rejtettek

1. A Mennyország titkai, melyek Jézus ideje óta tárultak fel előttünk
2. A Mennyország titkai, melyeket az idők végén fognak feltárni nekünk
3. Az Atyám házában sok lakóhely van

*„Ő pedig felelvén, monda nékik:
Mert néktek megadatott,
hogy érthessétek a mennyek országának titkait,
ezeknek pedig nem adatott meg
Mert a kinek van, annak adatik,
és bővölködik; de a kinek nincs,
az is elvétetik tőle, a mije van.
Mind ezeket példázatokban
mondá Jézus a sokaságnak,
és példázat nélkül semmit sem szóla nékik,
Hogy beteljék a mit
a próféta szólott, mondván:
Megnyitom az én számat példázatokra;
és kitárom, amik e világ alapítása
óta rejtve valának."*

- Máté 13:11-12; 34-35 -

Egy napon, amikor Jézus a tengerparton üldögélt, sok ember körégyűlt. Jézus sok dolgot elmondott nekik példabeszédeivel. Jézus tanítványai ezt kérdezték tőle ekkor: *"A tanítványok pedig hozzámenvén, mondának néki: Miért szólasz nékik példázatokban?"* Jézus ezt válaszolta nekik:

"Ő pedig felelvén, monda nékik: Mert néktek megadatott, hogy érthessétek a mennyek országának titkait, ezeknek pedig nem adatott meg. Mert a kinek van, annak adatik, és bővölködik; de a kinek nincs, az is elvétetik tőle, a mije van. Azért szólok velök példázatokban, mert látván nem látnak, és hallván nem hallanak, sem nem értenek. És beteljesedék rajtok Ésaiás jövendölése, a mely ezt mondja: Hallván halljatok, és ne értsetek; és látván lássatok, és ne ismerjetek: Mert megkövéredett e népnek szíve, és füleikkel nehezen hallottak, és szemeiket behunyták; hogy valami módon ne lássanak szemeikkel, és ne halljanak füleikkel, és ne értsenek szívükkel, és meg ne térjenek, és meg ne gyógyítsam őket. A ti szemeitek pedig boldogok, hogy látnak; és a ti füleitek, hogy hallanak. Mert bizony mondom néktek, hogy sok próféta és igaz kívánta látni, a miket ti láttok, és nem látták; és hallani, a miket ti hallotok, és nem hallották" (Máté 13,11-17).

Amint Jézus mondta, sok próféta és az igazságosok nem

láthatták vagy hallhatták a mennyei királyság titkait, bár akarták látni vagy hallani őket.

Azonban Jézus miatt, aki Maga Isten a teljes valójában, és aki lejött erre a földre (Pál levele a filippiekhez 2,6-8), megengedték, hogy a mennyország titkai feltáruljanak az Ő tanítványai előtt.

Amint írva van Máté 13,35-ben: *"Hogy beteljék a mit a próféta szólott, mondván: Megnyitom az én számat példázatokra; és kitárom, amik e világ alapítása óta rejtve valának"* Jézus példabeszédekben beszélt, hogy beteljesítse, ami a Szentírásban található.

1. A Mennyország titkai, melyek Jézus ideje óta tárultak fel előttünk

Máté evangéliumának 13. versében sok példabeszédet találunk a Mennyországról. Azért, mert példabeszédek nélkül nem értheted meg a Mennyország titkait, még ha sokszor elolvasod a Bibliát, akkor sem.

"Más példázatot is adott eléjök, mondván: Hasonlatos a mennyeknek országa az emberhez, a ki az ő földébe jó magot vetett; (24. vers)

"Más példázatot is adott eléjök, mondván: Hasonlatos a mennyeknek országa a mustármaghoz, a melyet vévén az ember, elvete az ő mezejében; A

mely kisebb ugyan minden magnál; de a mikor felnõ, nagyobb a veteményeknél, és fává lesz, annyira, hogy reá szállanak az égi madarak, és fészket raknak ágain (31-32. versek).

„Más példázatot is mondott nékik: Hasonlatos a mennyeknek országa a kovászhoz, a melyet vévén az asszony, három mércze lisztbe elegyíte, mígnem az egész megkele" (33. vers).

„Ismét hasonlatos a mennyeknek országa a szántóföldben elrejtett kincshez, a melyet megtalálván az ember, elrejté azt; és a felett való örömében elmegy és eladván mindenét a mije van, megveszi azt a szántóföldet" (44. vers).

„Ismét hasonlatos a mennyeknek országa a kereskedõhöz, a ki igazgyöngyöket keres; A ki találván egy drágagyöngyre, elméne, és mindenét eladván a mije volt, megvevé azt" (45-46. versek).

„Szintén hasonlatos a mennyeknek országa a tengerbe vetett gyalomhoz, a mely mindenféle fajtát összefogott. Melyet, minekutána megtelt, a partra vontak a halászok, és leülvén, a jókat edényekbe gyűjtötték, a hitványakat pedig kihányták" (47-48. versek).

Jézus számos példabeszédével a Mennyországról prédikált,

amely a spirituális birodalomban van. Mivel a mennyország a láthatatlan spirituális birodalomban van, csak példabeszédek segítségével tudod azt megérteni.

Annak érdekében, hogy a mennyországban örök életed legyen, rendes életet kell élned a hitben, úgy, hogy a mennyország a tied lehessen, és tudd: milyen emberek mehetnek oda, és mikor teljesül majd be.

Mi a végső célja annak, hogy a templomba járunk és hitbeli életet élünk? Az, hogy megdicsőüljünk és a mennyekbe jussunk. Azonban, ha nem mehetsz a mennybe, bár hosszú ideje jársz már templomba, mennyire sajnálatraméltó leszel!

Még Jézus idejében is, sokan betartották a törvényeket, bevallották Istenhitüket, de nem voltak elég hithűek ahhoz, hogy a mennyországba jussanak. Máté 3,2 – ben ezért Keresztelő János kijelenti: *"És ezt mondja vala: Térjetek meg, mert elközelített a mennyeknek országa."* És előkészítette az Úr útját. Szintén Máté 3,11-12-ben azt mondta az embereknek, hogy Jézus a Megmentő és a Nagy Ítélet Ura, ezt mondva: *"Én ugyan vízzel keresztellek titeket megtérésre, de a ki utánam jő, erősebb nálamnál, a kinek saruját hordozni sem vagyok méltó; ő Szent Lélekkel és tûzzel keresztel majd titeket. A kinek szóró lapát van az ő kezében, és megtisztítja az ő szérûjét; és az ő gabonáját csûrbe takarítja, a polyvát pedig megégeti olthatatlan tûzzel."*

Azonban az izraeliták abban az időben nemcsak hogy nem ismerték fel Őt mint Megmentőjüket, hanem keresztre is feszítették Őt. Milyen szomorú, hogy még ma is várják a Messiást!

A Mennyország titkai, amelyek feltárultak Pál előtt

Bár Pál apostol nem egyike Jézus eredeti tanítványainak, Jézusról vallott mindig, senkinél sem kevesebbet. Mielőtt Pál találkozott az Úrral, farizeus volt, aki szigorúan betartotta a törvényt és az idősebbek törvényeit, valamint zsidó volt, aki születésétől rendelkezett római állampolgársággal, és részt vett a korai keresztények üldözésében.

Azonban, miután találkozott az Úrral a damaszkuszi útról visszafele jövet, Pál megváltoztatta a hitét és sok embert elvezetett a dicsőségre azzal, hogy az idegenek megkeresztelésére koncentrált.

Isten tudta, hogy Pál nagyon sokat fog szenvedni a sok fájdalomtól és üldöztetéstől, amikor az evangéliumot prédikálja. Ezért tárta fel a mennyország csodálatos titkait Pálnak, hogy ez legyen az ő célja (Filippiek 3,12-14). Isten megadta neki, hogy az evangéliumot teljes boldogsággal prédikálja, a mennyország reményével.

Ha elolvasod Pál leveleit, láthatod, hogy a Szentlélek inspirációjával írt, melynek megfelelően az Úr visszatér, a hívők a levegőbe mennek, lakóhelyük lesz a mennyekben, a mennyország dicsősége, örök koronák és jutalmak, Melkizedek, az örök pap, és Jézus Krisztus szerepelnek bennük.

A 2 korinthusiak 12,1-4-ben Pál megosztja a spirituális tapasztalatait azokkal, akik az általa alapított templomban vannak, és akik nem Isten szava szerint éltek.

„A dicsekvés azonban nem használ nékem; rátérek

*azért a látomásokra és az Úrnak kijelentéseire.
Ismerek egy embert a Krisztusban, a ki tizennégy
évvel ezelőtt (ha testben-é, nem tudom; ha testen
kívül-é, nem tudom; az Isten tudja) elragadtatott
a harmadik égig. És tudom, hogy az az ember, (ha
testben-é, ha testen kívül-é, nem tudom; az Isten
tudja), Elragadtatott a paradicsomba, és hallott
kimondhatatlan beszédeket, a melyeket nem szabad
embernek kibeszélnie."*

Isten kiválasztotta Pál apostolt az idegenek evangelizálására, tűzzel tanította őt, és víziókat és jelenéseket küldött neki. Isten megengedte neki, hogy szeretettel, hittel és a mennyország reményével legyőzze az összes nehézséget. Például Pál azt vallotta, hogy a Harmadik Mennyországba jutott, a Paradicsomba, de tizennégy évvel korábban hallott a mennyei titkokról, azonban ezek olyan csodálatosak voltak, hogy az embernek nem volt szabad róluk beszélnie.

Egy apostol az az ember, akit Isten elhív a szolgálatába és aki teljesen engedelmeskedik az Ő akaratának. Azonban voltak olyan tagok a korinthusi egyházban, akiket a hamis tanárok megtévesztettek és így elítélték Pál apostolt.

Pál apostol felsorolta azokat a nehézségeket, amelyeket elszenvedett az Úrért, és megosztotta a spirituális tapasztalatait, hogy a korinthiaiakat eljuttassa oda, hogy az Úr gyönyörű menyasszonyai legyenek úgy, hogy az Úr szavának megfelelően cselekednek. Nem dicsekedett a spirituális tapasztalataival, hanem csak fel akarta építeni és erősíteni akarta Krisztus egyházát azzal, hogy megvallotta és megvédte az apostolságát.

Amire itt rá kell jönnöd, az, hogy az Úr vízióit és jelenéseit csak azok kaphatják meg, akik az Úr szemében megfelelnek. A korinthusi egyház tagjaival ellentétben, akiket a hamis tanítók becsaptak és Pált elítélték, senkit sem kell elítélned, aki azon dolgozik, hogy Isten királyságát kiteljesítse, sok embert megmenekítsen, és Isten is elismerje őt.

A Mennyország titkai, melyek megjelentek János apostolnak

János apostol egyike volt a tizenkét apostolnak, és Jézus nagyon szerette őt. Jézus nemcsak hogy „tanítványnak" hívta őt, hanem táplálta is őt szellemileg, hogy tudja szolgálni a tanárját közelről. Annyira indulatos természetű volt, hogy „a villám fiának" nevezték, azonban miután Isten hatalmából megváltozott, apostol lett belőle. János követte Jézust, a mennyei dicsőséget keresve. Ő volt az egyedüli tanítvány, aki hallotta Jézus utolsó hét szavát, melyeket a kereszten ejtett ki. Hűségesen végezte az apostoli feladatait, és nagyszerű ember lett a mennyekben.

A Római Birodalomban történt súlyos keresztényüldözések eredményeképpen Jánost forró olajba dobták, de nem ölték meg és Patmosz szigetére száműzték. Ott Istennel kommunikált sokáig, és leírta a Jelenések Könyvét, amely tele van a mennyország titkaival.

János számos spirituális dologgal kapcsolatban írt, mint az Isten Trónja és a mennyei Bárány, a mennyei imádatról, az Isten trónja körül levő négy élő teremtményről, a Nagy Csapás hét évéről, az angyalok szerepéről, a Bárány Lakodalmi

Menyegzőjéről és a Millenniumról, a Nagy Ítéletről a Fehér Trónus előtt, a pokolról, a mennyei Új Jeruzsálemről, valamint a feneketlen mélységről, amit Végtelen Mélységnek hívunk.

Ezért mondja János apostol az 1,1-3 versekben, hogy a Könyv az Úr jelenései és víziói alapján született, és azért ír le mindent, mert hamarosan minden meg fog történni, amit ő leírt.

„Jézus Krisztus kijelentése, a melyet adott néki az Isten, hogy megmutassa az õ szolgáinak, a miknek meg kell lenniök hamar: Õ pedig elküldvén [azt] az õ angyala által, megjelenté az õ szolgájának Jánosnak, A ki bizonyságot tett az Isten beszédérõl és Jézus Krisztus bizonyságtételérõl, mindenrõl, a mit látott. Boldog, a ki olvassa, és a kik hallgatják e prófétálásnak beszédeit, és megtartják azokat, a melyek megírattak abban; mert az idõ közel van."

Az a kifejezés, hogy „az idő közel van" arra utal, hogy az Úr visszatérte nagyon közel van. Ennélfogva nagyon fontos, hogy meglegyen az előéletünk ahhoz, hogy bemenjünk a mennybe úgy, hogy hit által megdicsőülünk.

Még ha el is mész templomba minden héten, nem dicsőülhetsz, csak akkor, ha olyan hited van, amellyel cselekszel. Jézus ezt mondja nekünk: *„Nem minden, a ki ezt mondja nékem: Uram! Uram! megyen be a mennyek országába; hanem a ki cselekszi az én mennyei Atyám akaratát"* (Máté 7,21). Ha nem Isten szavának megfelelően cselekszel, természetesen nem mehetsz a Mennyországba.

János apostol bemutatja azokat az eseményeket és próféciákat, amelyek be fognak következni, és amelyeket a Jelenések 4-től mutat be, és arra a következtetésre jut, hogy az Úr visszatér, és neked is meg kell mosnod a ruhádat erre az eseményre.

„*És ímé hamar eljövök; és az én jutalmam velem [van,] hogy megfizessek mindenkinek, a mint az ő cselekedete le. Én vagyok az Alfa és az Omega, a kezdet és a vég, az első és utolsó. Boldogok, a kik megtartják az ő parancsolatait, hogy joguk legyen az életnek fájához, és bemehessenek a kapukon a városba*" (Jelenések könyve 22,12-14).

Szellemi értelemben a ruha a szívet és a cselekedetet jelképezi. Megmosni a ruhát azt jelenti, hogy megbánjuk a bűneinket, és megpróbálunk Isten akarata szerint élni.

Annak megfelelően, amennyire képes vagy Isten akarata szerint élni, átjutsz a kapukon, és bejutsz a legszebb mennyországba, ami az Új Jeruzsálem.

Rá kell jönnöd, hogy minél jobban növekedik a hited, annál jobb lesz a számodra fenntartott hely a Mennyországban.

2. A Mennyország titkai, melyeket az idők végén fognak feltárni nekünk

Nézzük meg a mennyország titkait, amelyek feltárulnak és az idők végénél látjuk a gyümölcsüket, amint Jézus példabeszéde is bemutatja Máté 13-ban.

Ő szétválasztja a gonoszokat az igazságosoktól

Máté 13,47-50 – ben Jézus azt mondja, hogy a mennyország királysága olyan, mint egy háló, amelyet bedobtak a tóba, és sokféle halat fogtak ki vele. Mit jelent ez?

„*Szintén hasonlatos a mennyeknek országa a tengerbe vetett gyalomhoz, a mely mindenféle fajtát összefogott; Melyet, minekutána megtelt, a partra vontak a halászok, és leülvén, a jókat edényekbe gyűjtötték, a hitványakat pedig kihányták. Így lesz a világ végén is: Eljőnek majd az angyalok, és kiválasztják a gonoszokat az igazak közül. És a tüzes kemenczébe vetik őket; ott lészen sírás és fogcsikorgatás.*"

„A tenger" a világra vonatkozik, „a halak" az összes hívőre, valamint a halász, aki bedobja a hálóját a tengerbe és halakat fog, Istenre. Akkor mit jelent Istennek egy hálót leengedni a tengerbe, felhúzni azt, amikor tele van, és összegyűjteni a jó halakat egy kosárba, valamint visszadobni a rosszakat a vízbe? Ez azért van, hogy tudd, hogy az idők végeztével az angyalok eljönnek majd és összeszedik a jókat és a mennyekbe viszik, és a rosszakat a pokolba dobják.

Manapság sokan azt hiszik, hogy bizonyára a mennyországba jutnak, ha elfogadják Jézus Krisztust. Azonban Jézus világosan kijelenti: „*Így lesz a világ végén is: Eljőnek majd az angyalok, és kiválasztják a gonoszokat az igazak közül. És a tüzes kemenczébe vetik őket; ott lészen sírás és fogcsikorgatás.*"

„Az igazak" itt azokra utal, akiket „igazságosnak" hívnak, mert hisznek Jézusban mélyen a szívükben, és a cselekedeteikkel ki is mutatják ezt. Azért vagy „igazságos," mert aláveted magad az Ő Tízparancsolatának, és ezeknek megfelelően cselekszel, és nem azért, mert ismered Isten szavát (Máté 7,21).

A Bibliában vannak olyan dolgok, amelyeket meg kell tenni, olyanok, amelyeket nem kell, „megőrizendő" és „eldobandó" dolgok. Csak azok „igazságosak," akik Isten szava szerint élnek, és van spirituális, élő hitük. Vannak olyan emberek, akikről azt tartják, hogy általában igazságosak, és „igazságosként" kategorizálhatók Isten és az emberek előtt. Ezért te különbséget kell hogy tudjál tenni az Isten és az ember igazságossága között, és Isten előtt kell igazságosnak lenned.

Például ha egy ember, aki igazságosnak gondolja magát lop, ki fogja őt igazságosnak elfogadni? Ha azok, akik „Isten gyermekeinek" hívják magukat folyamatosan vétkeznek és nem élnek Isten szava szerint, nem hívhatjuk őket „igazságosnak." Ez a fajta ember a „gonosz" az „igazságosok" között.

A megdicsőült test különböző gyönyörűségei

Ha elfogadod Jézus Krisztust és Isten szavának megfelelően élsz, úgy fogsz ragyogni, mint a nap a mennyekben. Pál apostol részletesen ír a mennyország titkairól a Korinthusiakhoz írt első levél 15,40-41 verseiben:

„És vannak mennyei testek és földi testek; de más a mennyeiek dicsősége, más a földieké. Más a

napnak dicsősége és más a holdnak dicsősége és más a csillagok dicsősége; mert csillag a csillagtól különbözik dicsőségre nézve."

Mivel csak hit által lehet a miénk a mennyország, természetes, hogy a mennyei dicsőség is különbözni fog attól függően, hogy kinek mekkora a hite. Ezért mondjuk, hogy van dicsősége a napnak, a holdnak, valamint a csillagoknak is, és még közöttük is, különböző fényességűeket találunk.

Nézzük meg a mennyország másik titkát, a mustármag példázatán keresztül, amelyről Máté 13,31-32-ben olvashatunk:

"Más példázatot is adott eléjök, mondván: Hasonlatos a mennyeknek országa a mustármaghoz, a melyet vévén az ember, elvete az ő mezejében; A mely kisebb ugyan minden magnál; de a mikor felnő, nagyobb a veteményeknél, és fává lesz, annyira, hogy reá szállanak az égi madarak, és fészket raknak ágain."

Egy mustárma oly kicsiny, mint egy pont, amelyet egy golyóstoll hagy a papíron. Még ez a kis mag is eljut oda, hogy nagy fa nő belőle, és az ég madarai befészkelik magukat az ágaiba. Mit akart tanítani nekünk Jézus ezzel a példázattal? Azt kell megtanulnunk, hogy a mennyországot csak hittel birtokolhatjuk, és azt is, hogy különböző mértékű hit létezik. Még ha „kicsi" is a hited most, elérheted, hogy „nagy" legyen belőle, ha kellőképpen táplálod azt.

Még az a hit is, amely oly kicsi, mint a mustármag

Jézus Máté 17,20-ban ezt mondja: *"Jézus pedig monda nékik: A ti hitetlenségetek miatt. Mert bizony mondom néktek: Ha akkora hitetek volna, mint a mustármag, azt mondanátok ennek a hegynek: Menj innen amoda, és elmenne; és semmi sem volna lehetetlen néktek."* A tanítványai kérésére, hogy „Növeld a hited!" Jézus ezt válaszolja: *"Monda pedig az Úr: Ha annyi hitetek volna, mint a mustármag, ezt mondanátok ím ez eperfának: Szakadj ki gyökerestől, és plántáltassál a tengerbe; és engede néktek"* (Lukács 17,5-6). Mi a szellemi jelentése ezeknek a szavaknak? Az, hogy amikor a hit, amely oly kicsi, mint a mustármag felnő és nagy hit lesz belőle, semmi sem lesz lehetetlen. Amikor az ember elfogadja Jézus Krisztust, olyan kis hitet kap, mint egy mustármag. Amikor elveti ezt a magot a szívébe, az kikel. Amikor olyan nagy lesz, mint egy fa, amelyre madarak jönnek időzni, az ember megtapasztalja Isten hatalmát, amely Jézuson keresztül jelenik meg, úgy mint amikor a vakok láttak, a süketek hallottak, a némák beszéltek, és a holtak feltámadtak.

Ha azt gondolod, hogy már hiszel, de nem tudod Isten hatalmát kinyilvánítani munkáiddal és családi gondjaid vannak, vagy az üzleti életben vannak gondjaid, ez azért van, mert a hited még nem érte el egy nagy fa méretét.

A lelki hit növekedésének folyamata

János első levelének 2,12-14. verseiben János apostol röviden megmagyarázza a spirituális hit növekedésének folyamatát:

„Írok néktek, gyermekek, mert a ti bűneitek megbocsáttattak az ő nevéért. Írok néktek atyák, mert megismertétek azt, a ki kezdettől fogva van. Írok néktek ifjak, mert meggyőztétek a gonoszt. Írok néktek fiacskák, mert megismertétek az Atyát. Írtam néktek atyák, mert megismertétek azt, a ki kezdettől fogva van. Írtam néktek ifjak, mert erősek vagytok, és az Isten ígéje megmarad bennetek, és meggyőztétek a gonoszt."

Tudnod kell, hogy a hit is egy folyamaton megy át, amelynek során növekszik. Erősítened kell a hitedet, és az ősatyák hitével kell rendelkezned, amellyel tudhatod, hogy Isten már az idők kezdete óta létezett. Nem szabad megelégedned a gyerekek hitének szintjével, akiknek a bűnét megbocsátják Jézus Krisztus miatt.

Máté evangéliumának 13,33 versében Jézus ezt mondja: *„Más példázatot is mondott nékik: Hasonlatos a mennyeknek országa a kovászhoz, a melyet vévén az asszony, három mércze lisztbe elegyíte, mígnem az egész megkele."*

Meg kell értened, hogy a mustármagnyi hit olyan gyorsan növekedhet, mint ahogy az élesztő megkeleszti a tésztát. Amint a Korinthusiakhoz írt első levél 12,9 verse is mondja, a hit egy olyan ajándék, amelyet Istentől kapunk.

Mennyország, amelyet meg tudunk venni mindenünkkel, amink van

Valóban igazi erőfeszítéseket kell tenned azért, hogy a

mennyországot birtokolhasd, mivel ez csak hit által érhető el, és a hit fejlődése hosszú folyamat. Ebben a világban nagyon nehezen érhető el a vagyon és a hírnév, nem beszélve arról, ha egy házat akarsz venni: milyen nehezen lehet a pénzt összeszedni rá! Olyan nehezen éred el és tartod fenn ezeket a dolgokat, amelyeket nem tarthatsz meg örökre. Akkor, mennyivel többet kell próbálkoznod, hogy elérd a mennyei lakóhelyed nagyszerűségét, amelyet örökre magadénak tudhatsz majd?

Jézus ezt mondja Máté evangéliumának 13,44 versében: *„Ismét hasonlatos a mennyeknek országa a szántóföldben elrejtett kincshez, a melyet megtalálván az ember, elrejté azt; és a felett való örömében elmegy és eladván mindenét a mije van, megveszi azt a szántóföldet."* Máté 13,45-46-ban így folytatja: *„Ismét hasonlatos a mennyeknek országa a kereskedőhöz, a ki igazgyöngyöket keres; A ki találván egy drágagyöngyre, elméne, és mindenét eladván a mije volt, megvevé azt."*

Melyek a mennyei titkok, amelyek a szántóföldön elrejtett kincs példázatán keresztül tárulnak elénk? Jézus általában olyan tárgyakról beszél a példabeszédeiben, amelyek a mindennapi életben is jelen vannak. Nézzük meg most „a szántóföldön elrejtett kincs" példázatát.

Volt egyszer egy szegény földműves, aki úgy kereste a megélhetését, hogy napszámért dolgozott. Egy napon a szomszédja kérésére elment hozzá dolgozni. Azt mondta a szomszédja, hogy a föld puszta volt, mert már régóta nem használta, de most gyümölcsfákat akart bele ültetni, hogy ne tartsa hiába. A földműves beleegyezett, hogy elvégzi a munkát. Amint a földet tisztította egy nap, valami keményet érzett az ásójával. Folytatta az ásást, és rengeteg kincset talált a földben. A földműves elkezdett gondolkodni azon, hogyan lehetne az övé a kincs. Eldöntötte, hogy megveszi a földet, amelyben a kincs volt, és mivel a föld teljesen puszta és kietlen volt, arra gondolt, hogy a tulajdonosa könnyedén eladja majd.

A földműves visszament a házába, mindent eladott, amije csak volt, miután jól megtisztította őket. Nem sajnált mindent eladni, mivel felfedezte a kincset, ami értékesebb volt, mint minden, ami az övé volt.

A szántóföldben elrejtett kincs tanmeséje

Mire rá kell rájönnöd ez által a tanmese által? Remélem, hogy tudod ezt, úgy, hogy négy szempontból megvizsgálod a rejtett kincs spirituális jelentését.

Először: a szántóföld a te lelked, és a kincs a Mennyország. Arra utal, hogy a mennyország, mint a kincs, a szívedbe van elrejtve.

Isten az embereket lélekkel, szellemmel és testtel teremtette. A szellem az ember ura, aki képes Istennel kommunikálni. A lélek a szellem utasításait követi, valamint a test a szellem és lélek lakóhelyét képezi. Ezért mondja azt a Teremtés 2,7, hogy az ember élő szellem volt valamikor.

Mióta az első ember, Ádám elkövette az engedetlenség bűnét azonban, a szellem, az ember ura meghalt, és a lélek átvette az ember urának szerepét. Az emberek még több bűnbe estek, a halál útjára kellett térniük, mivel nem tudtak többé Istennel kommunikálni. Már a lélek emberei voltak, amely az ellenséges

Sátán és az ördög ellenőrzése alatt áll.

Ezért a szeretet Istene elküldte az egyetlen Fiát, Jézust erre a világra és hagyta, hogy keresztre feszítsék, mely egy vigasztaló önfeláldozás azért, hogy az emberiséget megmentse a bűneiktől. Mindezen okokból számodra is megnyílt a megmenekülés útja, hogy a szent Isten szeretett gyermeke legyél, és kommunikálhass újra Vele.

Ezért bárki, aki elfogadja Jézus Krisztust mint személyes Megmentőjét megkapja a Szentlelket, és a szelleme feléled. Úgyszintén, megkapja a jogot arra, hogy Isten gyermeke legyen, és a szíve tele lesz örömmel.

Azt jelenti, hogy a szellem újra eljött a lelket és a testet ellenőrizni, mint az emberi lény ura. Azt is jelenti, hogy azért is jött, hogy Istentől féljen és engedelmeskedjen az Ő szavának, valamint, hogy megvalósítsa az ember kijelölt feladatát. A szellem újjáéledése ugyanazt jelenti, mint amikor megtalálunk egy kincset egy rejtett szántóföldön. A Mennyország olyan, mint a kincs, amely el van rejtve, mivel jelen van most már a szívedben.

Másodszor: egy ember, aki megtalálja a rejtett kincset a mezőn és ennek örül, azt sugallja, hogy ha valaki elfogadja Jézus Krisztust, megkapja a Szentlelket, a halott szelleme újjáéled, és rá fog jönni, hogy van Mennyország a szívében, és örvendezni fog.

Jézus ezt mondja Máté 11,12-ben: *„A Keresztelő János idejétől fogva pedig mind mostanig erőszakoskodnak a mennyek országáért, és az erőszakoskodók ragadják el azt."* János apostol ezt írja a Jelenések könyvének 22,14 versében:

„*Boldogok, a kik megtartják az ő parancsolatait, hogy joguk legyen az életnek fájához, és bemehessenek a kapukon a városba.*"

Azt kell mindebből megértened, hogy nem mindenki megy ugyanarra a lakóhelyre a mennyei királyságban mindazok közül, akik elfogadták az Urat. Annak függvényében, hogy milyen mértékben fogadod el Őt hasonlítasz Őrá, valamint, hogy mennyire válsz igazzá, a mennyekben egy szép lakóhelyet érdemelsz ki magadnak.

Azok, akik szeretik Istent és reménykednek a mennyországban, Isten akarata szerint fognak élni, mindenben azt követik, és az Úrra hasonlítanak majd, eldobva a gonoszságukat.

A mennyország királysága a tied – olyan mértékben, amennyire megtelik a szíved a mennyel, ahol csak jóság és igazság van. Még ezen a földön is, amikor rájössz, hogy a szívedben ott a Mennyország, örömteli leszel.

Ezt a fajta örömöt érzed akkor is, amikor először találkozol Jézus Krisztussal. Ha valaki, aki a halál útjára kellett volna hogy menjen, igaz életet nyert, és a mennyországot hozzá az által, hogy elfogadta a Jézus Krisztust, mennyire fog ő örülni! Azért is boldog lesz, mert hihet a mennyei királyságban a szívében. Ily módon az a boldogság, amit az az ember érez, aki megtalálja az elrejtett kincset a mezőn, azt az örömöt jelképezi, amit Jézus elfogadása miatt érez, valamint amiatt, hogy a mennyei királyságot felfedezi a szívében.

Harmadszor: a kincs újbóli elrejtése a megtalálás után azt jelképezi, hogy az egyén halott szelleme feléledt, és Isten akaratának megfelelően akar élni, de nem igazán tudja az

elhatározását a gyakorlatban kivitelezni, mert még nem kapta meg a hatalmat arra, hogy Isten akarata szerint éljen.

A földműves nem tudta azonnal kiásni a kincset, amikor megtalálta. Először el kellett adnia az összes tulajdonát, hogy a földet meg tudja venni. Hasonlóképpen, te is tudod, hogy létezik Mennyország és pokol, és azt is, hogy Jézus Krisztus elfogadásával a Mennyországba juthatsz, de nem cselekedhetsz rögtön, amikor elkezdesz figyelni Isten szavára.

Mivel igaztalan életet éltél, ami Isten szava ellen volt, mielőtt Őt elfogadtad, sok igaztalanság marad még a szívedben. Azonban, ha nem dobsz el mindent, ami nem igazi a szívedből, miközben Istenhitedről vallasz, a Sátán továbbra is a sötétség felé fog vezetni, hogy ne élhess Isten szava szerint. Ahogy a földműves is megvette a földet, miután mindenét eladta, csak akkor kerülhet a kincs a szívedbe, ha megpróbálod az igaztalan elmét eldobni magadtól és olyan szívet alakítasz ki magadnak, amelyet Isten is akar.

Ezért az igazat kell követned, amely Isten szava, és Istentől kell függened, állandóan imádkozva. Csak ekkor fogod az igaztalan dolgokat eldobni magadtól, és ekkor kapod meg a hatalmat Istentől, hogy az Ő akaratának megfelelően élj. Emlékezned kell arra, hogy a mennyország csak az ilyen emberek számára elérhető.

Negyedszer: mindent eladni, amid van azt jelenti, hogy annak érdekében, hogy a halott szellem feltámadjon, és az ember urává váljon, az összes igaztalanságot ki kell irtanod a lelkedből.

Mennyország I

Amikor a halott szellem feléled, rá fogsz jönni, hogy van mennyország. A módja, hogy oda juthass az, hogy elveted az igaztalan gondolatokat, mert ezek a lélekben vannak és a Sátán irányítja őket, és hogy olyan hited legyen, amely során cselekedetekkel igazolod, hogy van hited. Ez ugyanaz a gondolat, mint hogy egy kiscsirkének fel kell törni a tojás héját, hogy kijöhessen a külvilágra.

Ennélfogva el kell dobnod a hús vágyait és gondolatait, hogy teljesen birtokolhasd a mennyet. Sőt, teljes szellemű emberré kell válnod, aki az Úr isteni természetére hasonlít (Pál első levele a thesszalonikaiakhoz 5,23).

A hús cselekedetei a gonoszság megtestesülései, amelyek cselekedetekben véglegesülnek. A hús vágyai mindenfajta bűnre vonatkoznak a szívben, amelyek bármikor cselekedetekben nyilvánulhatnak meg, bár még nem tették ezt meg. Például ha gyűlölet van a szívedben, a hús kívánsága ez, és ha ez a kívánság abban nyilvánul meg, hogy valakit megütünk, ez a hús cselekedete.

Pál levele a galatákhoz 5,19-21 verseiben határozott állítást találunk: *"A testnek cselekedetei pedig nyilvánvalók, melyek [ezek]: házasságtörés, paráznaság, tisztátalanság, bujálkodás. Bálványimádás, varázslás, ellenségeskedések, versengések, gyűlölködések, harag, patvarkodások, viszszavonások, pártütések, Irígységek, gyilkosságok, részegségek, dobzódások és ezekhez hasonlók: melyekről előre mondom néktek, a miképen már ezelőtt is mondottam, hogy a kik ilyeneket cselekesznek, Isten országának örökösei nem lesznek."*

Pál levele a rómaiakhoz 13,13-14 ezt mondja nekünk: *"Mint nappal, ékesen járjunk, nem dobzódásokban és részegségekben, nem bujálkodásokban és feslettségekben, nem versengésben és írigységben: Hanem öltözzétek fel az Úr Jézus Krisztust, és a testet ne tápláljátok a kívánságokra."* és a rómaiakhoz írt levél 8,5 pedig ezt: *„Mert a test szerint valók a test dolgaira gondolnak; a Lélek szerint valók pedig a Lélek dolgaira."*

Ezért az, hogy mindenedet eladod azt jelenti, hogy az igaztalanságot teljesen kioltod a szívedből, a hús vágyait és cselekedeteit elhajítod, mert ezek nem Isten akaratának megfelelőek, és mindent eldobsz magadtól, amit jobban szerettél, mint Istent.

Ha folyamatosan ily módon eldobod a gonoszságodat és bűneidet, a lelked egyre jobban feléled és Istennek tetsző módon élhetsz, a Szentlélek vágya szerint. Végül szellemi emberré válsz, és eléred az Úr isteni természetét (Pál levele a filippiekhez 2,5-8).

A Mennyországot olyan mértékben birtokolhatjuk, amennyire a szívünkben megvalósítjuk azt

Aki hittel bírja a Mennyországot, mindent elad, amije van, eldobja a gonoszt magától, és megvalósítja a mennyországot a szívében. Amikor az Úr visszatér, a mennyország, amely olyan volt, mint egy árnyék, valósággá válik, és örök életűvé. Ha valaki birtokolja a mennyországot, ő a leggazdagabb személy, még ha el is adott mindent ezen a világon. Azonban azok, akik nem birtokolják a Mennyországot, a legszegényebb egyének, akiknek semmijük sincs a valóságban, még ha mindenük megvan ezen a világon, akkor is. Ez azért van, mert minden, amire szükséged van, Jézus Krisztusban van, és minden, ami Rajta kívül van értéktelen, és a halál után kizárólag az örök dolgok számítanak majd.

Ezért követte Máté Jézust úgy is, hogy a foglalkozását feladta. Ezért követte Péter Jézust úgy, hogy feladta a hajóját és a hálóját. Még Pál apostol is mindent, amit korábban megszerzett, szemétnek gondolt, miután Jézust elfogadta. Azért tudták ezek az apostolok mindezt megtenni, mert meg akarták találni a kincset, amely minden világi dolognál értékesebb volt, és ki akarták ásni azt.

Hasonlóképpen, cselekedetekkel kell megmutatnod a hited, mert így engedelmeskedsz az igaz szónak, valamint minden igaztalan dolgot eldobsz magadtól, mert ezek Isten ellen valók. A mennyei királyságot el kell érned a szívedben úgy, hogy eladod az igaztalan dolgokat: a makacsságot, büszkeséget, gőgöt, amelyeket eddig kincsnek gondoltál a szívedben.

Nem a világi dolgokat kell keresned, hanem mindenedet el kell adnod, hogy a szívedben mennyország legyen, és az örök mennyei királyságot örökölhesd.

3. Az Atyám házában sok lakóhely van

János 14,1-3-tól kezdődően láthatod, hogy számos lakóhely van a mennyországban, és Jézus Krisztus azért ment oda, hogy előkészítsen számodra egy lakóhelyet.

"Ne nyugtalankodjék a ti szívetek: higyjetek Istenben, és higyjetek én bennem. Az én Atyámnak házában sok lakóhely van; ha pedig nem [volna],

megmondtam volna néktek. Elmegyek, hogy helyet készítsek néktek. És ha majd elmegyek és helyet készítek néktek, ismét eljövök és magamhoz veszlek titeket; hogy a hol én vagyok, ti is ott legyetek."

Az Úr elment, hogy előkészítse a mennyei helyet a számodra

A tanítványoknak Jézus előre elmondta, mi fog történni a keresztre feszítése és az elfogatása előtt. Azért fogták el, hogy keresztre feszítsék. Ránézett a tanítványaira – akik aggódtak, mivel hallották, hogy Iskarióti Júdás el fogja árulni Őt, hallottak Péter árulásáról, Jézus haláláról – és megvigasztalta őket azzal, hogy a mennyországban számos lakóhely vár majd rájuk.

Ezért mondta Ő ezt: *„Az én Atyámnak házában sok lakóhely van; ha pedig nem [volna], megmondtam volna néktek. Elmegyek, hogy helyet készítsek néktek."* Jézust keresztre feszítették, harmadnapra valóban feltámadt, és megtörte a halál tekintélyét. Aztán negyven nap múlva felment a Mennybe, miközben sokan nézték őt, hogy előkészítse a mennyei helyeket nekünk.

Mit értünk ez alatt: „Elmegyek, hogy helyet készítsek néktek?" Amint János első levelének 2,2 versében találhatjuk: *„És õ engesztelõ áldozat a mi vétkeinkért; de nemcsak a mienkért, hanem az egész világért is,"* ami azt jelenti, hogy Jézus megtörte a bűnök falát Isten és az ember között, és így bárki a mennyországba juthat a hite által.

Jézus Krisztus nélkül a közted és Isten között létező fal nem omolhatott volna le. Az Ótestamentum idején, ha egy ember bűnözött, állatáldozattal próbálta a bűneit csökkenteni. Azonban Jézus által a mi bűneink megbocsáttatnak és te szentesülhetsz, mivel Ő felajánlotta Önmagát, egyszeri áldozatként (A zsidókhoz írt levél 10,2-14).

A közted és Isten között létező bűnfal kizárólag Jézus Krisztus által győzhető le, szintén Általa bejuthatsz a mennyei királyságba, ahol élvezheted a gyönyörű és boldog örök életet.

Az Atyám házában sok lakóhely van

Jézus ezt mondja János evangéliumának 14,2 versében: „*Az én Atyámnak házában sok lakóhely van.*" Az Úr szíve elolvad ezekben a versekben, mert azt akarja, hogy mindenki megdicsőüljön. Miért mondta ezt Jézus: „az Atyám házában," ahelyett, hogy ezt mondta volna: „a mennyei királyságban?" Azért, mert Isten nem „állampolgárokat" akar, hanem „gyermekeket," akikkel, mint Atya, meg akarja osztani a szeretetét, örökre.

A Mennyországot Isten vezeti, és elég nagy ahhoz, hogy mindenki elférjen benne, aki megmenekült. Olyan gyönyörű és fantasztikus hely, hogy össze sem lehet hasonlítani ezzel a földdel.

A mennyei királyságban – melynek a méretét el sem lehet képzelni – a legszebb és legdicsőségesebb hely Új Jeruzsálem, ahol Isten Trónusa található, csakúgy, ahogy Szöulban megtaláljuk a Kék Házat, Washingtonban, mely az Egyesült Államok fővárosa, a Fehér Házat, melyekben az adott ország elnöke lakik.

Hol van akkor Új Jeruzsálem? A mennyország központjában, és ez az a hely, ahol a hit emberei, akik Isten kedvére tettek, örökre élni fognak. Ezzel ellentétben, a mennyország legkívül eső része a Paradicsom. Azok, akik semmit nem tettek, hogy a hitüket bizonyítsák, és éppen csak elfogadták Jézus Krisztust, mint az a rabló, aki Jézus oldalán volt a kereszten, ide kerülnek.

A Mennyország mindenkinek a hite szerint adatik meg

Miért készített elő Isten számos lakóhelyet az Ő gyermekei számára? Isten igazságos és megengedi, hogy azt arasd le, amit elvetettél (Pál levele a galatákhoz 6,7), és mindenkit annak megfelelően jutalmaz, amit cselekedett (Máté evangéliuma 16,27; Jelenések könyve 2,23). Ezért készített Ő elő lakóhelyeket a hitünk mértéke szerint.

Pál levele a rómaiakhoz 12,3 verse megállapítja: *"Mert a nékem adott kegyelem által mondom mindenkinek közöttetek, hogy feljebb ne bölcselkedjék, mint a hogy kell bölcselkedni; hanem józanon bölcselkedjék, a mint az Isten adta kinek-kinek a hit mértékét."*

Rá kell jönnöd idejében, hogy minden egyes ember lakóhelye és dicsősége a mennyben attól függ, hogy milyen a hitének a mértéke.

Attól függően, hogy milyen mértékben hasonlítasz Isten szívére, más lakóhely lesz a számodra kijelölve a mennyországban. Az örök mennybeli helyed attól függ majd, mennyire tudtad a mennyországot megvalósítani, mint szellemi lény.

Mondjuk például, hogy egy gyerek egy felnőttel versenyez egy sportversenyen, vagy vitáznak egymással. A felnőttek és a gyerekek világa annyira eltér egymástól, hogy a gyerekek hamar megunják a felnőttek társaságát. A gyerekek számára a felnőttek gondolkodása, nyelvezete és cselekedetei nagyon mások, mint az övék. A legjobb az, ha a gyerekek gyerekekkel, a felnőttek felnőttekkel, míg a fiatalok fiatalokkal játszanak. Szellemileg ugyanez a helyzet. Mivel mindenkinek más a szelleme, a szeretet és igazságosság Istene úgy osztotta fel a lakóhelyeket, hogy azok a hit különböző mértékét kövessék, hogy az Ő gyermekei boldogan élhessenek.

Az Úr eljön, miután előkészítette a mennyei lakóhelyeket

János 14,3-ban az Úr megígérte nekünk, hogy visszajön és elvisz minket a mennyei királyságba, miután előkészíti a mennyei lakóhelyeket a számunkra. Tegyük fel, hogy egy ember egyszer Isten kegyelmében részesült, sok mennyei jutalmat kapott, mivel hűséges volt. Azonban ha visszatér a világi életre, elveszíti a megdicsőülés lehetőségét, és a pokolra jut. A mennyei jutalmai elértéktelenednek. Ha nem is jut pokolra, a jutalmai úgyis értéktelenek lesznek.

Néha előfordul, ha valaki Istennek csalódást okoz – bár valamikor hűséges volt, – vagy ha egy szinttel visszaesik, vagy ugyanott marad, bár tovább kellene fejlődnie a hit szintjein a keresztény életében, hogy ennek a személynek a jutalmai csökkennek.

Az Úr mindenre emlékezni fog, amit azért tettél, hogy hűséges legyél az Úr királyságához. Ha a szíved szentesül azáltal, hogy a Szentlélekben körülmetéled azt, az Úrral leszel, amikor visszatér, és áldott leszel, mert olyan helyre kerülsz, amely úgy ragyog a mennyekben majd, mint a nap. Mivel az Úr azt szeretné, hogy a gyermekei tökéletesek legyenek, ezt mondta: *„És ha majd elmegyek és helyet készítek néktek, ismét eljövök és magamhoz veszlek titeket; hogy a hol én vagyok, ti is ott legyetek."* Jézus azt akarja, hogy megtisztulj, ahogy az Úr is tiszta, és ragaszkodj a remény szavához.

Amikor Jézus teljesen beteljesítette Isten akaratát és Őt dicsőítette, Isten is dicsőítette Jézust, és új nevet adott neki: „királyok királya és urak ura." Hasonlóképpen, attól függően, hogy mennyire dicsőíted Istent ezen a világon, Isten téged is elvezet a dicsőségre. Annál közelebb leszel majd az Ő trónusához a mennyországban, minél jobban hasonlítasz Istenre, és minél jobban szeret Ő téged.

A mennyei lakóhelyek várnak az uraikra, Isten gyermekeire, ahogy a menyasszonyok várják a vőlegényüket. Ezért írja János apostol a Jelenések könyvének 21,2 versében: *„És én János látám a szent várost, az új Jeruzsálemet, a mely az Istentől szálla alá a mennyből, elkészítve, mint egy férje számára felékesített menyasszony."*

Még egy gyönyörű menyasszony sem hasonlítható össze a mennyei lakóhelyek boldogságával. A mennyországbeli házak mindennel fel vannak szerelve, és mindennel ellátják a lakóikat, mert olvassák az uraik gondolatait, hogy azok a legboldogabban élhessenek, mindörökre.

A Példabeszédek könyve 17,3 ezt írja: *„Az olvasztótégely az ezüst számára van, és a kemencze az aranyéra; a szívek vizsgálója* pedig az Úr."

Ezért imádkozom az Úr Jézus Krisztus nevében, hogy rájöjj: Isten úgy neveli az embereket, hogy az Ő igaz gyermekeivé váljanak, szentesülhessenek az Új Jeruzsálem reményével, és erőteljesen közelíthessenek a mennyország legjobb részei felé úgy, hogy Isten minden házában hűségesek maradnak.

Ötödik fejezet

Hogyan élünk majd a Mennyországban?

1. Életstílus a Mennyországban

2. Öltözködés a Mennyországban

3. Étel a Mennyországban

4. Közlekedés a Mennyországban

5. Szórakozás a Mennyországban

6. Istentisztelet, tanulás, kultúra a Mennyországban

*És vannak mennyei testek és földi testek;
de más a mennyeiek dicsősége,
más a földieké.
Más a napnak dicsősége
és más a holdnak dicsősége
és más a csillagok dicsősége;
mert csillag a csillagtól különbözik
dicsőségre nézve.*

- Pál első levele a korinthusiakhoz 15,40-41 -

A mennyei boldogság nem hasonlítható össze a legjobb és legélvezetesebb dologgal sem ezen a földön. Még ha nagyon élvezed is a szeretteiddel együtt töltött időt egy tengerparton, szép kilátással, ez a fajta boldogság csupán átmeneti és nem az igazi. Az agyad egyik szegletében még mindig léteznek az aggodalmaid, amelyekkel szembe kell nézned, miután visszatérsz a mindennapi életedbe. Ha ezt a fajta életet éled egy vagy két hónapig, vagy talán egy évig, hamarosan megunod majd, és valami újdonság után nézel.

Azonban a mennyei életben, ahol minden oly gyönyörű és tiszta, mint a kristály, a boldogság teljesen adott, mert minden új, titokzatos, örömteli, és állandóan boldog. Elragadó időt tölthetsz Isten Atyával, élvezheted a hobbijaidat, a kedvenc játékaidat, és az összes többi érdekes dolgot, ameddig csak akarod. Nézzük meg, hogyan fognak élni Isten gyermekei, miután a mennyországba jutnak.

1. Életstílus a Mennyországban

Amint a fizikai tested szellemivé változik, amely a szellemből, lélekből és a mennyei testből áll, képes leszel felismerni a férjedet, feleségedet, gyermekeidet és a szüleidet, akik ezen a földön a családodat alkották. A földi pásztorodat és a nyájadat is fel fogod ismerni. Arra is emlékezni fogsz, amit ezen a földön mindenki elfelejtett. Nagyon bölcs leszel, mivel képes leszel Isten akaratát megérteni.

Lehet, hogy néhányan ezt gondolják: „Az összes bűneimet feltárják a Mennyországban?" Ez nem így lesz. Ha már bűnbocsánatot tartottál, Isten nem fog emlékezni a bűneidre, annyira nem, amilyen távol a kelet van a nyugattól (Zsoltárok könyve 103,12), hanem csak a jó tetteidre fog emlékezni, mivel minden bűnödet elfelejtik már, mire a Mennyországba jutsz.

Amikor a mennyekbe kerülsz, mennyire változol meg, és hogyan fogsz élni?

A mennyei test

Az emberi lényeket és az állatokat fel lehet ismerni az alakjukról, függetlenül attól, hogy elefántról, oroszlánról, sasról, vagy egy emberi lényről beszélünk.

Ahogy a háromdimenziós földön egy testnek saját alakja van, a mennyországban is van egy sajátos alakja mindennek, de ez négydimenziós már. Ez a mennyei test. A mennyekben erről lehet felismerni egymást. Akkor, hogy fog kinézni egy mennyei test?

Amikor az Úr visszatér a levegőben, mindenki átváltozik a feltámadt testévé, amely nem más, mint a szellemi test. Ez a feltámadt test átváltozik a szellemi testté – amely egy felsőbb szinten létezik már – a Nagy Ítélet után. Mindenki jutalmainak megfelelően, a glória fénye mindenik mennyei testen különböző intenzitású lesz.

A mennyei testben is vannak csontok és ez is húsból áll, csakúgy, mint Jézus teste a feltámadás után (János 20,27), de az új test a szellemből, lélekből, és egy halhatatlan testből áll. A romlandó testünk Isten szava és hatalma által egy új testté változik.

A mennyei test, amely örök életű húsból és csontokból áll, ragyogni fog, mivel friss és tiszta. Még ha hiányzik is valakinek egy lába vagy egy keze, vagy mozgáskorlátozott, a mennyei teste tökéletes lesz.

A mennyei test nem halvány, mint az árnyék, hanem világosak a körvonalai, és nincs az idő és tér ellenőrzése alatt. Ezért van az, hogy amikor Jézus megjelent a tanítványai előtt a feltámadása után, szabadon átment a falakon (János 20,26).

A test ezen a földön ráncos lesz és durva, amikor megöregszik, azonban a mennyei test friss lesz, mint egy halhatatlan test, és mindig megőrzi a fiatalságot és napszerű ragyogást.

A harmincharmadik életév

Számos ember van, aki azon tűnődik, hogy a mennyei test akkora-e, mint egy felnőtt, vagy mint egy gyermek teste. A Mennyekben mindenki 33 évesnek megfelelő fiatalsággal bír, függetlenül attól, hogy fiatalon vagy öregen halt meg, mert ekkor halt meg Jézus is, mivel keresztre feszítették.

Miért engedi Isten, hogy 33 éves állapotodban élj mindörökre a Mennyországban? Amint a nap délben a legragyogóbb, a 33 éves életkor az ember életének csúcsa.

Azok, akik 30 évnél fiatalabbak, lehet, hogy éretlenek és tapasztalatlanok, a 40 felettiek pedig elveszítik az energiájukat, mivel öregednek. Azonban 33 év körül az emberek érettek és minden szempontból szépek. A legtöbbjük megházasodik, gyerekeket vállal, akiket felnevel, és így bizonyos mértékig megérti Isten szívét, aki az embereket neveli ezen a földön.

Ily módon, Isten mennyei testté alakít téged, így megmarad a 33 év körüli fiatalságod, amely a legszebb kora az embereknek.

Nincsen biológiai rokonság

Ha örökre a mennyben laksz, de azzal a külsővel, amellyel akkor éltél, amikor elhagytad a földet, az milyen nevetséges lenne! Tegyük fel, hogy egy ember 40 évesen halt meg, és a mennybe jutott. A fia 50 évesen, míg az unokája 90 évesen halt meg, és ezt követően a mennybe kerültek. Amikor találkoznak a mennyben, az unoka lenne a legidősebb, míg a nagyapa a legfiatalabb.

Ezért van az, hogy a Mennyországban, ahol Isten az igazságosságával és szeretetével uralkodik, mindenki 33 éves lesz, és az evilági biológiai vagy fizikai rokonságok nem érvényesek.

Senki nem hív mindenki mást „apámnak," „anyámnak," „fiamnak" vagy „lányomnak" a mennyben, bár a földön szülők és gyerekek voltak. Ez azért van, mert mindenki fiú- és lánytestvére egymásnak Isten gyermekeként. Mivel tudják, hogy a földön szülők és gyermekek voltak, és nagyon szerették egymást, különlegesebb szeretettel bírhatnak egymás iránt.

Mi van akkor, ha az anya a Második Királyságba ment, míg a fia Új Jeruzsálembe? Ezen a földön természetesen a fiú az anyját kell hogy szolgálja. A mennyekben azonban, az anya meg fog hajolni a fia előtt, mert az jobban hasonlít Istenre, és a mennyei testéből áradó fény sokkal nagyobb lesz, mint az övé.

Nem azokon a neveken hívjátok tehát egymást, mint a földi életben, hanem az Isten, az Atya által adott új neveken, melyeknek spirituális jelentése van. Még ezen a földön is, Isten megváltoztatta az Ábrám nevet Ábrahámmá, Sarait Sárává, Jákobot Izraellé, ami azt jelenti, hogy ő küzdött Istennel, a segítségével győzött.

A férfiak és nők közötti különbség a Mennyországban

A mennyben nincs házasság, de világos különbség van férfi és nő között. Először is, a férfiak magassága 6 láb és hat láb két hüvelyk között van, míg a nők körülbelül négy hüvelykkel alacsonyabbak.

Vannak olyan emberek, akik sokat aggódnak azért, hogy túl magasak vagy alacsonyak, azonban a mennyekben nem kell emiatt aggódniuk. A súlyuk miatt sem, mivel mindenkinek a legillőbb és legszebb alakja lesz majd.

Egy mennyei test nem érzi a súlyát egyáltalán, és ha valaki még virágokon is sétál, azok nem nyomódnak össze. A mennyei testeket nem lehet megmérni, ennek ellenére a szél nem tudja elfújni őket, mivel nagyon stabilak. Az, hogy súlyod van, de nem tudod érezni azt, azt jelenti, hogy van alakod és megjelenésed. Olyan, mint amikor felemelsz egy papírt: nem érzed, hogy súlya van, bár tudod, hogy valamennyi van neki.

A haj szőke és enyhén hullámos. A férfiak haja a nyakukig ér, míg a nők hajhossza nagyban eltér egymástól. Ha egy nőnek hosszú haja van, ez azt jelenti, hogy nagy jutalmakat kapott, és a leghosszabb haj egészen derékig érhet. Nagyon nagy dicsőség ezért a nőknek, ha hosszú hajuk van (A korinthusiakhoz írt első levél 11,15).

Ezen a földön minden nő arra vágyik, hogy fehér és puha bőre legyen. Kozmetikai termékeket használnak, hogy a bőrük feszes és puha maradjon, ráncok nélkül. A mennyben mindenkinek sima, egyszínű bőre lesz, mely nagyon fehér és a dicsőségtől ragyog.

Mivel nincs gonosz a mennyben, nem kell alapozót hordani és a külsőségekért aggódni, mivel minden nagyon szépen néz ki ott. A dicsőség fénye, mely a mennyei testből árad fehérebben, tisztábban ragyog, attól függően, hogy ki mennyire szentesült és mennyire hasonlít Isten szívére. A rendet ez által döntik el és tartják fenn.

A mennyei emberek szíve

A mennyei testtel rendelkező emberek a szellem szívével rendelkeznek, amely az isteni természetet követi, és nincsen benne gonoszság. Az emberek ezen a földön meg szeretnének érinteni és birtokolni mindent, ami szép, a mennyei testtel rendelkező emberek szíve is olyan, hogy érezni szeretné mások szépségét, és elragadtatással akar rájuk nézni és őket megérinteni. Azonban mohóság és irigység egyáltalán nincs.

Ezen a földön az emberek aszerint változnak, hogy mi a saját érdekük, és hamar elfáradnak bizonyos dolgoktól, még akkor is, ha azok jó és hasznos dolgok. A mennyei emberek szíve nem ravasz, és soha nem változik.

Például az emberek a földön ha szegények, az olcsó és gyenge minőségű ételt is ízletesen el tudják fogyasztani. Ha egy kicsit gazdagabbak lesznek, már nem elégszenek meg azzal, amit előtte olyan ízletesnek tartottak, és keresik a jobb ételeket. Ha egy új játékot veszel a gyermekeknek, eleinte nagyon boldogok, de néhány nap múlva megunják azt, és újat keresnek maguknak. A mennyországban azonban nem ez a hozzáállás létezik, és ha egy dolog egyszer tetszik neked, az örökké tetszeni fog.

2. Öltözködés a Mennyországban

Van, aki azt gondolja, hogy a mennyei ruházat mindenki számára ugyanolyan. Azonban ez nem így van, mert Isten az Alkotó és az Igazságos Bíra, aki mindenkit aszerint fizet vissza, hogy mit tett. Amint a jutalmak is mások a mennyben, a ruhák is mások lesznek, annak megfelelően, hogy ezen a földön ki, mit cselekedett (A jelenések könyve 22,12). Milyen ruhákat fogsz viselni, és hogyan fogod díszíteni akkor?

Mennyei ruhák, különböző tervezéssel és színekkel

A mennyországban mindenki fényes, világos vagy fehér színű ruhát visel. Olyan puha az anyaguk, mint a selyem, és olyan könnyűek, mintha nem lenne súlyuk, és csodálatosan suhannak.

Mivel mindenki különböző mértékben szentesül, a ruhákból áradó fény mértéke is különbözik. Minél jobban hasonlít valaki Isten szívére, annál szebben fénylenek a ruhái.

Attól függően, hogy mennyit dolgoztál Isten királyságáért, és menyit dicsőítetted Őt, különböző fajta ruhák, különböző tervezéssel és anyagokban lesznek ajándékozva neked.

Ezen a földön az emberek különböző ruhákat viselnek, a szociális és gazdasági helyzetüktől függően. A Mennyországban hasonlóképpen, többszínű és többféle kivitelezésű ruhákat fogsz viselni, ahogy egyre magasabb pozícióba kerülsz. A hajviselet és a kiegészítők is mások lesznek.

A régi időkben az emberek felismerték egymás társadalmi osztályát, ha megnézték a ruhájuk színét. Hasonlóképpen a mennyei emberek is felismerhetik egymás pozícióját és jutalmait, amelyeket itt kaptak. Adott színű és tervezésű ruhák viseletével jelezni lehet, hogy valaki nagyobb dicsőségben részesült.

Ezért azok, akik Új Jeruzsálembe jutottak vagy nagyban hozzájárultak Isten királyságához a legszebb, legszínesebb, legragyogóbb ruhákat kapják ajándékul.

Ha nem sokat tettél Isten királyságáért, csak néhány ruhát kapsz a mennyországban. Másrészt, ha nagyon sokat dolgoztál hittel és szeretettel, számtalan ruhát fogsz kapni sok színben és kivitelezésben.

Mennyei ruhák, különböző díszítésekkel

Isten különböző díszítésű ruhákat ajándékoz mindenkinek, hogy a különböző mértékű dicsőséget jelezze. Amint egy királyi család a múltban azzal fejezte ki a pozícióját, hogy különböző díszítéseket helyeztek a ruhájukra, a mennyei ruhák is kifejezik az egyén pozícióját és dicsőségét.

Köszönő, dicsőítő, imádó és más díszítések léteznek a mennyei ruhákon. Amikor ebben az életben hálaadó énekeket énekelsz, hálás szívvel az Úr, az Atya iránt, vagy amikor Istent dicsőíted, Ő illatos aromaként fogadja a szíved, és a mennyei ruhádra a hálaadás díszeit helyezi.

A hálád és köszöneted díszei szépítik azon emberek ruháit, akik valóban örömtelik és hálásak voltak a szívükben, mivel emlékeztek Isten Atya kegyelmére, aki örök életet és a mennyei királyságot ajándékozta nekik, még az evilági szomorúság és megpróbáltatások idején is.

A következő díszítés az ima dísze, amelyet azok kapnak, akik az életükkel imádkoztak Isten királyságáért. Az összes dekoráció között azonban a legszebb dísz a dicsőség dísze, melyet a legnehezebb megszerezni. Ezt azok kapják, akik mindent megtettek Isten dicsőégéért, tiszta szívükből. Ahhoz hasonlóan, ahogy egy király vagy egy elnök tiszteletbeli medált ajándékoz egy katonának, aki kitüntetett szolgáltatásokat tett, a dicsőség dísze azoknak jár, akik szorgalmasan dolgoztak Isten királyságáért, és nagyban dicsőítették Őt. Ennélfogva az, aki a dicsőség díszeivel ékesített ruhákat magára ölti, az a legnemesebb mindenki közül a mennyei királyságon belül.

Korona- és ékszerjutalmak

A mennyben számos ékszer létezik. Néhányat jutalmul adnak, és ezeket a ruhákra kell tűzni. A Jelenések könyvében olvashatod, hogy az Úr aranykoronát visel és egy selyemövet a mellkasa körül.

A Biblia sokféle koronát említ. A koronák és ezek értéke, valamint az elbírálási szempontok, amelyek szerint jutalmat lehet kapni, különbözőek.

Sokféle korona létezik, és mindenkinek a saját tettei szerint adatnak ezek: egy örök korona jár azoknak, akik a játékokban versenyeznek (Pál első levele a korinthusiakhoz 9,25), a dicsőség koronája, melyet azoknak adnak, akik Istent dicsőítették (Péter első levele 5,4), az élet koronája, amelyet azok kaptak, akik a halál pillanatáig hűségesek voltak (János evangéliuma 1,12; Jelenések könyve 2,10), az aranykorona, amelyet a huszonnégy presbiter visel, akik Isten Trónusa körül vannak (Jelenések könyve 4,4; 14,14), valamint az igazságosság koronája, amelyet Pál apostol áhított (Pál második levele Timóteushoz 4,8). Sokféle alakja lehet a koronáknak, amelyeket ékkövek díszítenek, mint például az arannyal díszített korona, a virágok, gyöngyök koronája, és így tovább. Annak alapján, hogy ki, milyen koronát kap, fel lehet ismerni a szentsége mértékét és a kapott jutalmait.

A földi életben bárki, akinek pénze van vásárolhat magának ékszereket, azonban a mennyei életben csak jutalmul kaphatod őket. Attól függően, hogy hány embert térítettél a hitre, milyen áldozatokat ajánlottál fel Istennek igaz szívedből, és hogy mennyire voltál hűséges, meghatározzák az általad kapott jutalmakat. Ezért van az, hogy a koronák és ékszerek különbözőek kell hogy legyenek, hiszen mindenki a hite mértéke szerint kapja őket. A koronák és ékszerek fénye, szépsége, elragadó volta, valamint a száma is különböző kell hogy legyen.

Hasonló a helyzet a mennyei lakóhelyekkel is, melyek az egyének hite szerint különbözőek, hiszen az arany- és más ékszerek mérete, szépsége és fénye, amelyek az egyének lakóhelyét díszítik, mind különböznek. A hatodik fejezettől kezdve többet is megtudhatsz ezekről a részletekről.

3. Étel a Mennyországban

Amikor az első ember, Ádám és az ő párja, Éva az Édenkertben laktak, gyümölcsöket és magtermő növényeket ettek (Teremtés 1,29). Azonban, amikor Ádámot kiűzték az Édenkertből az engedetlensége miatt, mezei növényeket is ettek már Évával. A nagy áradás után az embereknek megengedték, hogy húst egyenek. Ily módon, ahogy az ember egyre gonoszabb lett, úgy változott meg az étele is.

Akkor, mit fogsz enni a mennyekben, ahol egyáltalán nem létezik a gonosz? Van, aki azon tűnődik, hogy kell-e ennie a mennyei testnek. A mennyekben ihatsz az Élet Vizéből, és számos gyümölcsöt ehetsz vagy megszagolhatsz, hogy örömöd legyen.

A mennyei test lélegzése

Ahogyan az emberek a földön lélegeznek, ugyanígy a mennyei testek is ezt teszik. Természetesen a mennyeinek nem szükséges egyáltalán lélegeznie, de a légzés alatt pihenhet, csakúgy, mint a földön. Nemcsak a szájával és orrával, hanem a szemeivel és a testének a sejtjeivel is tud lélegezni, sőt, még a szívével is.

Isten belélegzi a szívünk illatát, mivel Ő a Szellem. Elégedett volt az igazságos emberek áldozataival és belélegezte a szívük édes illatát az Ótestamentum idejében (Teremtés 8,1). Az Újtestamentum idején Jézus, aki tiszta és szeplőtelen, feladta magát értünk, és Istennek jó illatú aromaként áldozta fel magát (Pál levele az efezusiakhoz 5,2).

Amikor tiszta szívvel hálaadást végzel, énekelsz vagy tiszta szívvel imádkozol, Isten befogadja a szíved aromáját. Amilyen mértékben hasonlítasz az Úrra és igazságos leszel, terjesztheted a Krisztus aromáját, és ezt Isten értékes felajánlásnak veszi. Az imádat és dicsőítésedet a lélegzetvétel által Isten örömmel fogadja.

Máté 26,29-ben azt látod, hogy az Úr azóta imádkozik érted, amióta felment a mennybe, és az elmúlt két évezred alatt semmit sem evett. Hasonlóképpen a mennyben is, a mennyei test úgy élhet, hogy nem kell ennie vagy lélegeznie. Te magad is örök életű leszel, amikor a mennyekbe jutsz, mivel szellemi testté változol, amely soha nem vész el.

Amikor a mennyei test lélegzik, sokkal több örömöt és boldogságot érez, és a lélek közben megfiatalodik és megújul. Ahogy az emberek igyekeznek kiegyensúlyozottan táplálkozni annak érdekében, hogy megőrizzék az egészségüket, a mennyei test is nagyon élvezi a jó illatú aromák belélegzését a mennyekben.

Amikor sokféle virág és gyümölcs kibocsátja az aromáját, a mennyei test belélegzi ezt az aromát. Még ha a virágok ugyanazt az aromát is bocsátják ki állandóan, boldognak és elégedettnek fogja magát érezni.

Amikor egy mennyei test megkapja a gyümölcsök és virágok szépséges illatát, ez úgy beitatatódik a testébe, mint a parfüm. A test ezt a parfümöt addig bocsátja ki magából, amíg teljesen el nem tűnik. A földön, amikor parfümöt szórsz magadra, jól érzed magad, és ez érvényes a mennyei testre is, mert jobb körülötte lenni és érezni az illatát, a szépséges aroma miatt.

A lehelet által történő anyagcsere

Akkor, hogyan esznek, és hogyan folytatják az életüket az emberek a mennyekben? A Bibliában azt látod, hogy az Úr megjelent a tanítványai előtt az Ő feltámadása után, és vagy rájuk lehelt (János 20,22), vagy evett velük (János 21,12-15). Nem azért evett, mert éhes volt, hanem azért, hogy tudhasd, te is ehetsz a mennyekben, a mennyei testedben, valamint azért, hogy a tanítványaival megoszthassa az örömét. Ezért jegyezték le azt a Bibliában, hogy Jézus Krisztus kenyeret és halat evett reggelire a feltámadása után.

Akkor miért mondja azt a Biblia, hogy az Úr a tanítványokra lehelt, miután feltámadt? Amikor a mennyekben eszel, az étel azonnal felszívódik, és a lélegzettel távozik a testből. Nincs szükség emésztésre, és vécékre sem. Milyen kényelmes és csodálatos, hogy az elfogyasztott étel a lélegzetvétellel elhagyja a testet aromaként, és feloldódik!

4. Közlekedés a Mennyországban

Az emberiség történelme során, ahogy a civilizáció és a tudomány fejlődött, egyre gyorsabb és kényelmesebb utazási eszközök jelentek meg, mint például a szekerek, vagonok, autók, hajók, vonatok, repülőgépek, és így tovább.

A mennyekben is különböző szállítási eszközök léteznek. Léteznek szállítási eszközök a köz számára, mint a mennyei vonat, és magáneszközök, mint a felhőautók és aranyozott vagonok.

A mennyben a mennyei test nagyon gyorsan járhat, még repülhet is, mivel téren és időn kívül van, de sokkal érdekesebb és elragadóbb a jutalomként kapott szállítási eszközöket használni.

Mennyország I

Utazás és szállítás a Mennyországban

Milyen boldog és örömteli lenne, ha körbeutazhatnád a teljes mennyországot, látva az összes gyönyörű és csodálatos dolgot, amelyet Isten teremtett! A mennyország minden szögletének egyedi a szépsége, és minden egyes részét egyformán élvezheted. Mivel a mennyei test szíve soha nem változik meg, soha nem fárad bele, vagy nem unja meg azt, hogy ugyanazt a helyet látogassa meg ismételten. A mennyei utazás mindig nagy élvezet, és nagyon érdekes is.

A mennyei test nem kell hogy utazási eszközre szálljon ahhoz, hogy állandóan repülhessen. Azonban, ha a különböző közlekedési eszközöket használja, még kényelmesebben élhet ezáltal. Ahogy számunkra busszal vagy metróval járni kényelmesebb, úgy történik a mennyben is.

Ha a mennyei vonaton utazol, amely sokszínű ékszerrel van kidíszítve, bármilyen sín nélkül a célodhoz érhetsz, mivel szabadon mozoghat le és fel, jobbra és balra.

Amikor a Paradicsombeli emberek Új Jeruzsálembe mennek, a mennyei vonaton teszik ezt, mivel a két hely elég távol esik egymástól. Ez nagyszerű érzés az utasoknak. Ragyogó fényeken át repülnek, és az ablakokon át láthatják a nagyszerű tájakat. És ha arra gondolnak, hogy Isten Atyával fognak találkozni, még boldogabbak lesznek.

A mennyei közlekedési eszközök között létezik az aranyautó is, amelyen egy különleges ember ül Új Jeruzsálemből, valahányszor körberepül a Mennyország körül. Fehér szárnyai vannak, és van egy gomb belül, amellyel a tulajdonos automatikusan irányíthatja oda, amerre csak akarja.

Felhőautó

A mennyei felhők dekorációként járulnak hozzá a mennyország szépségéhez. Amikor a mennyei test elmegy különböző helyekre a felhőkkel körülvéve, a test fényesebb, mint amikor a felhők nélkül közlekedik. A felhővel körülvett spirituális testet látva a többi test tiszteli a méltóságot, dicsőséget és a tekintélyt, amelyet ez a test sugall.

A Biblia azt mondja, hogy az Úr a felhőkkel érkezik (Pál első levele a thesszalonikaiakhoz 4,16-17), és ez azért van, mert a dicsőség felhőivel érkezni sokkal magasztosabb, méltóságteljesebb és szebb, mint a levegőben, bármi nélkül érkezni. Ehhez hasonlóan a Mennyországban a felhők azt szolgálják, hogy Isten gyermekeinek dicsőségéhez még többet hozzáadjanak.

Ha kiérdemelted, hogy beléphetsz Új Jeruzsálembe, birtokolhatod a csodálatos felhőautót is. Ez a felhő nem párából áll, mint a földi felhők, hanem a mennyei dicsőség glóriájából.

A felhőautó megmutatja a tulajdonosának a dicsőségét, méltóságát és tekintélyét. Azonban nem mindenki kaphat ilyen felhőautót, mivel csak azoké lehet, akik kiérdemlik, hogy Új Jeruzsálembe menjenek úgy, hogy teljesen szentesülnek és Isten minden házában hűségesek.

Azok, akik Új Jeruzsálembe kerülnek, bárhová mehetnek az Úrral együtt ezzel a felhőautóval. Az utazás alatt a mennyei házigazda és az angyalok elkísérik és szolgálják őket. Olyan, mint amikor egy királyt vagy herceget számos minisztere kiszolgál, amikor úton van. Ezért mondhatjuk azt, hogy a mennyei házigazda kísérete és kiszolgálói további jelét képezik annak, hogy a tulajdonos milyen tekintéllyel és dicsőséggel bír. A felhőautókat általában angyalok húzzák. Vannak egyszemélyesek magáncélra, és olyanok, amelyben egyszerre többen is tudnak utazni. Amikor valaki Új Jeruzsálemben golfozik és a mezőn körbejár, egy felhőautó megérkezik és megáll az ura lábánál. Amikor ő beül, a jármű nagyon lassan a labdához megy, egyetlen pillanat alatt.

Képzeld el, hogy az égen repülsz, egy felhőautóban, mennyei kísérettel – angyalok és égi vendéglátók személyében – Új Jeruzsálemben. Azt is elképzelheted, hogy egy felhőautón jársz körbe az Úrral, vagy a szeretteiddel a kiterjedt nagy mennyben utazol körbe, a mennyei vonaton. Valószínű, hogy elárasztana az öröm érzése.

5. Szórakozás a Mennyországban

Néhányan azt gondolhatják, hogy nem lehet nagyon érdekes mennyei testként élni, de ez nem így van. A fizikai világon nem elégülhetsz ki teljesen, vagy hamar elfáradsz a szórakozástól, azonban a szellemi világban a „szórakozás" mindig újnak és felfrissítőnek tűnik.

Tehát még ezen a világon is, minél jobban eléred a teljes szellemi létet, annál mélyebb szeretetet élhetsz át, és annál boldogabb leszel. A mennyekben nemcsak a hobbijaidat, hanem sokféle más szórakozást is élvezhetsz, és ezek összehasonlíthatatlanul jobban élvezhetőek bármilyen földi szórakozásnál.

A hobbik és játékok élvezete

Csakúgy, ahogy a földi emberek fejlesztik a képességeiket és a hobbijaik segítségével gazdagabbá teszik az életüket, a mennyekben is lehetnek ilyen hobbijaid, és élvezheted őket ott is. Nemcsak azt élvezheted, amit a földön szerettél, hanem azokat is, amelyektől visszatartottad magad annak érdekében, hogy Isten munkáját oly mértékben elvégezd, amennyire csak akartad. Új dolgokat is megtanulhatsz.

Akiket érdekelnek a hangszerek, a hárfán játszva dicsőíthetik Istent. Megtanulhatsz zongorázni is, fuvolázni, vagy számos más hangszeren játszani, és nagyon hamar megtanulhatod ezeket a hangszereket kezelni, mivel a mennyben mindenki sokkal okosabb lesz, mint előtte.

Beszélgethetsz is a természettel és az ottani állatokkal, hogy az örömöd még nagyobb legyen. Még a növények és az állatok is felismerik Isten gyermekeit, fogadják őket, és kifejezik a szeretetüket és tiszteletüket irántuk.

Továbbá számos sportot élvezhetsz, mint például a tenisz, kosárlabda, tekejáték, golf, és a sárkányrepülés, de nem sporteseményeket, mint például az evezés vagy a bokszolás, amelyek veszélyt jelenthetnek másokra is. A felszerelések és termek egyáltalán nem veszélyesek. Csodálatos anyagokból készülnek, és aranydekorációk vannak rajtuk, valamint ékszerek is, hogy több boldogságot és élvezetet jelentsenek annak, akik a sportot űzik.

A sportfelszerelések utalnak annak a szívére, aki viseli őket, és nagyon sok élvezetet nyújtanak. Például ha élvezed a tekejátékot, a labda és a tekebábuk változtatják a színüket, és úgy foglalják el a helyzetüket és olyan távolságra, ahogy akarod. A bábuk csodálatos hanggal és fényekkel hullnak le. Ha veszíteni akarsz a partnered javára, a bábuk a kedvedre mozognak, hogy minél boldogabb lehess.

A mennyben nincsen olyan gonosz, aki nyerni akar, vagy valakit legyőzni. Több előnyhöz juttatni másokat és több élvezethez is, ez jelenti a győzelmet. Lehet, hogy megkérdőjelezed egy olyan játék értelmét, ahol senki sem nyer, de itt valóban nem az jelenti az élvezetet, hogy valaki mások felett győzedelmeskedik. A játék maga az öröm.

Természetesen léteznek olyan játékok, amelyek segítségével örömödet lelheted egy jó és igazságos játék által. Például, létezik egy olyan játék, amelyben akkor nyersz, ha minél több illatot szívsz magadba a virágokról, minél jobban elegyíted őket, és a legszebb illatot árasztod ki magadból.

Különböző féle szórakozások

Azok, akik szeretik a játékokat, azt kérdezhetik, hogy van-e valamilyen játékterem a mennyországban. Természetesen sok olyan játék létezik, amely sokkal élvezetesebb, mint a földi játékok bármelyike.

A mennyei játékok soha nem fárasztanak el és a látásodat sem veszélyeztetik. Soha nem unod meg őket. Megfiatalítanak, és békét hoznak a szívedbe. Amikor nyersz vagy a legjobb eredményt éred el, a legnagyobb élvezeted érzed, és soha nem veszíted el az érdeklődésedet.

A mennyei emberek mennyei testben élnek, és soha nem félnek attól, hogy a szórakoztató parkokban leesnek a játékokról, mint például a hullámvasútról. Kizárólag az izgalmat és a gyönyört érzik. Még azok is, akiknek korábban magasságiszonyuk volt a földön, a mennyben oly sokszor mehetnek a magasba, ahányszor csak akarnak.

Ha leesel a hullámvasútról, nem sérülsz meg, hiszen mennyei test vagy. Nagyon biztonságosan landolhatsz, mint valamelyik harcművészet mestere, vagy éppen az angyalok vigyáznak rád. Képzeld el, hogy egy hullámvasúton vagy, az Úrral sikoltozol, és a szeretteid is mind veled vannak. Milyen boldog és elragadó lenne ez!

6. Istentisztelet, tanulás, kultúra a Mennyországban

Nem kell az ételért, ruháért és lakhatásért dolgozni a mennyekben. Néhányan ezen tűnődhetnek: „Mit fogunk tenni mindörökre? Nem leszünk kiszolgáltatottak a semmittevéstől?" Azonban egyáltalán nem kell aggódni.

A mennyben sok olyan dolog van, amelyeket boldogan élvezhetsz. Számos érdekes és izgalmas tevékenység van, mint a játékok, az oktatás, istentiszteletek, partik és fesztiválok, utazás és a sportok.

Nem szükséges és nem kötelező a számodra, hogy ezekben a játékokban részt vegyél. Mindenki önként tesz mindent, és örömmel, mivel minden, amit teszel, bőséges örömben részesít téged.

Örömmel dicsérd Istent, az Alkotót

A földön egy bizonyos időrend szerint jársz istentiszteletre, és ugyanígy történik a mennyben is. Természetesen Isten prédikál itt is, és az Ő üzenetei által megismerheted az Ő eredetét, valamint a spirituális birodalmat is, melynek nincs vége és hossza. Általában azok, akik nagyon jól tanulnak, alig várják, hogy a tanárukkal találkozzanak az órákon. A hitéletben is, azok akik szeretik Őt és igazán, lélekből imádják Őt, várják az istentiszteleteket, ahol a pásztor hangját hallhatják, aki az élet szavát hirdeti.

Amikor a mennyekbe jutsz, megvan az örömöd és boldogságod, mivel Istent imádhatod, és hallhatod az Ő szavát. Az istentiszteleteken hallod a hangját, van időd Vele beszélgetni, vagy az Úr szavát hallgatni. Imaidő is létezik, ahol nem térdelsz le, vagy nem imádkozol csukott szemmel, mint itt a földön. Ekkor beszélgethetsz Istennel. A mennyei imádságok Istennel, az Atyával, az Úrral történő beszélgetések, valamint a Szentlélekkel is. Milyen boldogok és elragadóak lesznek ezek az idők!

Istent dicsérheted is, amint itt a földön teszed. Nem akármilyen földi nyelven, hanem új énekekkel. Azok, akik együtt mentek át valamilyen megpróbáltatáson, vagy ugyanannak a templomnak a tagjai itt a földön, összegyűlnek a lelkipásztorukkal együtt, hogy hálát adjanak, és hogy együtt töltsenek valamennyi időt egymással.

Hogyan adnak hálát az emberek a mennyekben akkor, tekintettel arra, hogy a lakóhelyük is különböző helyen van, messze egymástól? A mennyei testek fénye mindenik lakóhelyen más és más, és amikor egy magasabb szintre akarnak bejutni, hogy istentiszteletre mehessenek, akkor egymástól kölcsönkérik a ruhákat. Ezért, ha valaki az Új Jeruzsálemben megtartott istentiszteletre be akar jutni, amely a dicsőség glóriájával van beborítva, az összes ember a többi helyeken, mind el kell hogy kérje kölcsön a megfelelő ruhákat.

Ahhoz hasonlóan, ahogy az emberek a földön követhetik a műholdakon az istentiszteleteket szerte a világon ugyanabban az időben, a mennyben is megteheted ugyanezt. Részt vehetsz és megnézheted az Új Jeruzsálemben történő istentiszteletet, a mennyország minden helyéről, de a képernyő itt olyannyira természetes, hogy úgy fogod érezni, hogy személyesen is jelen vagy.

A hit ősatyáit, mint Mózes és Pál meghívhatod, hogy együtt adjatok hálát Istennek. Ahhoz, hogy ezt megtehesd, hogy ezeket a nemes embereket meghívhasd, megfelelő szellemi tekintéllyel kell bírnod.

Az új és mély spirituális titkok megismerése

Isten gyermekei számos szellemi dolgot megismernek, amíg művelik őket itt a földön, de amit itt megtanulnak, az csak egy lépés lehet abban, hogy a mennybe jussanak. Miután bejutnak a mennybe, elkezdik megismerni az új világot.

Például, amikor Jézus Krisztus hívői meghalnak, kivéve azokat, akik Új Jeruzsálembe mennek, a Paradicsom szélén levő területen várakoznak, ahol az angyaloktól megtanulják a mennyei viselkedési szabályokat.

Ezen a földön az emberek, ahogyan növekednek, meg kell hogy tanulják a társadalmi alkalmazkodást, és ugyanígy ahhoz, hogy a szellemi birodalom új világában élni tudjanak, részletesen meg kell hogy tanulják az ottani viselkedést is.

Lehet, hogy azt kérded, hogy miért kell még ott is tanulnod, hisz itt a földön már eleget tanultál. A tanulás ezen a földön egy szellemi tanulási folyamat, de az igazi tanulás csak az után kezdődik, hogy a mennyországba bejutottál.

A tanulásnak nincs vége, mivel Isten birodalma végtelen és örökkévaló. Függetlenül attól, hogy mennyit tanultál, soha nem tudhatsz meg eleget Istenről, aki az idők eleje óta létezik. Soha nem ismerheted meg Isten mélységét, aki mindig jelen volt, kontrollálta az univerzumot, a benne lévő összes dologgal együtt, és aki örökre itt is marad.

Ennélfogva rá kell jönnöd, hogy számtalan olyan dolog létezik, amit meg kell tanulnod, ha a szellemi birodalomba akarsz jutni, és hogy a szellemi tanulás nagyon érdekes és szórakoztató, a földi tanulmányokkal ellentétben.

Sőt, a szellemi tanulás soha nem kötelező és tesztek sincsenek benne. Soha nem felejted el, amit megtanultál, és soha nem nehéz vagy fárasztó a tanulás maga. Soha nem fogsz unatkozni vagy henyélni a mennyországban. Boldog leszel, egyszerűen azért, mert új és csodálatos dolgokat tanulhatsz meg.

Partik, bankettek, előadások

Sokféle parti és előadás létezik a mennyországban is. Ezek az élvezet csúcspontját jelentik ennek az életnek. Itt érezheted a mennyország gazdagságát, szabadságát, szépségét, glóriáját, egyetlen pillantás által.

Ahogy a földön az emberek a legszebb öltözetükben mennek

a partikra, ahol a legjobb dolgokat eszik, isszák és élvezik, itt is részt vehetsz partikon, ahol az emberek a legszebben díszített ruháikat öltik fel magukra. Gyönyörű táncok, énekek, és az öröm és boldogság hangjai hallszanak ilyenkor.

Olyan helyek is léteznek, mint a New York-i Carnegie Hall vagy a Sydney-ben található Operaház, ahol különböző előadásokat élvezhetsz. A mennyei előadások nem arról szólnak, hogy valaki önmagával dicsekszik, hanem csakis Isten dicsőítéséről, az Úrnak ajándékozott boldogságról és örömről, amit aztán másokkal is megoszthatsz.

Az előadók főleg olyanok, akik a földön Isten dicsőítették hálaadással, tánccal, hangszerekkel, és különböző színdarabokkal. Néha ezek az emberek lehet, hogy ugyanazt a darabot adják elő, amit a földön. Azok, akik a földön meg szerettek volna tenni valamit, de a körülmények miatt nem sikerült nekik, Istent új énekekkel dicsérhetik, vagy új táncokat tanulhatnak.

Színházak is vannak, ahol mozit lehet nézni. Az Első vagy a Második Királyságban az emberek általában publikus helyeken nézik a filmeket. A Harmadik Királyságban és Új Jeruzsálemben minden lakosnak megvan a saját felszerelése, a saját lakásában. Az emberek mozit nézhetnek akár magukban, akár úgy, hogy meghívják a szeretteiket filmnézésre, miközben falatozhatnak.

A Bibliában Pál apostol a Harmadik mennyországban volt, de ezt nem tárhatta fel másoknak (Pál második levele a korinthusiakhoz 12,4). Nagyon nehezen lehet az emberekkel megértetni, hogy miről szól a mennyország, mivel egy olyan világ, amelyet ők nem ismernek, és nem értenek meg jól. Sokkal inkább: jó eséllyel félreértenek dolgokat ezzel kapcsolatban.

A Mennyország a szellemi birodalom része. Olyan sok dolog létezik, amit nem érthetsz meg vagy félreérthetsz a mennyben, mivel itt mindig öröm és boldogság van, amit itt a földön soha nem tapasztalhatsz meg.

Isten olyan szép Mennyországot készített elő számodra, hogy ott élj, és arra biztat téged, hogy a Biblia segítségével megszerezd azt a tudást, hogy ide juthass.

Ezért, az Úr nevében imádkozom, hogy az Urat örömmel fogadhasd, azzal a tudással, ami szükséges ahhoz, hogy kész legyél az Ő szépséges menyasszonyaként, amikor Ő ismét visszatér.

Hatodik fejezet

Paradicsom

1. A Paradicsom szépsége és boldogsága
2. Milyen emberek mennek a Paradicsomba?

> *„És monda néki Jézus:*
> *Bizony mondom néked:*
> *Ma velem leszel a paradicsomban."*
>
> - Lukács evangéliuma 23,43 -

Paradicsom

Mindazok, akik hisznek Jézus Krisztusban, mint a személyes megmentőjükben, és akiknek a neve bekerül az élet könyvébe, képesek lesznek az örök életet élvezni a mennyekben. Mint azt már kifejtettem, a hit növekedésének fokozatai vannak, és a lakóhelyek, koronák, valamint az adott jutalmak mindenki hitének megfelelően járnak. Azok, akik jobban emlékeztetnek Isten szívére, közelebb laknak majd Isten Trónjához, és minél messzebb laknak Isten Trónusától, annál kevésbé hasonlítanak az Ő szívére.

A Paradicsom van a legtávolabb Isten Trónjától és a legkevesebb fénye van Isten dicsőségéből, mert ez a legalacsonyabb szint a Mennyországban. Még így is összehasonlíthatatlanul szebb, mint ez a föld, még az Édenkertnél is sokkal szebb.

Milyen hely a Paradicsom, és milyen emberek kerülnek ide?

1. A Paradicsom szépsége és boldogsága

A Paradicsom szélén levő területet a Várakozóhelyként használják, mivel itt lehet várakozni a Fehér Trónuson történő Nagy Ítélet Napjára (A Jelenések könyve 20,11-12). Azokat kivéve, akik már bejutottak Új Jeruzsálembe, mivel megvalósították Isten szívét, mindenki másnak itt kell várakoznia, a Paradicsom szélén, aki az idők eleje óta megmenekült.

Láthatod, hogy a Paradicsom olyan széles, hogy a szélén levő területeket várószobának használják, oly sok ember számára. Bár ez a széles Paradicsom a mennyország legalacsonyabb helye, még így is összehasonlíthatatlanul szebb és boldogabb rész, mint ez a föld, amelyet Isten elátkozott.

Továbbá, mivel ide jutnak azok az emberek, akik a földön művelődnek, sokkal több öröm és boldogság van itt, mint az Édenkertben, ahol az első ember, Ádám lakott.

Nézzük meg a Paradicsom szépségét és boldogságát, amelyet Isten feltárt és ismertté tett.

Széles mezők, gyönyörű állatokkal és növényekkel tele

A Paradicsom olyan, mint egy széles mező, tele gyönyörűen elrendezett füves területekkel és szépséges kertekkel. Sok angyal vigyáz és gondozza ezeket a kerteket. A madarak éneke oly tiszta, és visszhangzik a teljes Paradicsomban. Majdnem úgy néznek ki, mint a földi madarak, de egy kissé nagyobbak, és a tollaik is szebbek. A csoportos énekeik nagyon élvezetesek.

A fák és a virágok a kertekben nagyon gyönyörűek. A földi fák és virágok az idő múlásával elhervadnak, de a Paradicsomban a fák mindig zöldek, és a virágok soha nem hervadnak el. Amikor az emberek megközelítik őket, a virágok mosolyognak, és néha kibocsátják az egyedi illatukat.

A friss fák különböző gyümölcsöket teremnek, melyek kissé nagyobbak a földi gyümölcsöknél. A héjuk fényes és nagyon ízletesnek tűnnek. Nem kell meghámoznod őket, mivel nem létezik por, mint ahogy kukacok sem. Milyen szép lenne egy olyan jelenet, amelyben az emberek körben ülnek egy szép mezőn, beszélgetnek és a kosaraik tele lennének ízletes és kívánatos gyümölcsökkel?

A széles mezőkön számos állat is él. Közöttük oroszlánok, akik békésen eszik a füvet. Sokkal nagyobbak, mint a földi társaik, de egyáltalán nem agresszívek. Nagyon vonzóak, mivel lágy a természetük és tiszta, sima szőrük van.

Az Élet Vizének Folyama csendben folyik

Az Élet Vizének Folyama csendesen folyik, át a Mennyországon, Új Jeruzsálemtől a Paradicsomig, és soha nem párolog, de nem is szennyeződik. Ez a víz Isten Trónjától ered, mindent felfrissít, és Isten szívét képviseli. A tiszta és szépséges elme az, ami folttalan, hibátlan és briliáns, bármilyen sötétség nélkül. Isten szíve tökéletes, és mindennel teljes.

Az Élet Vizének Folyama, amely csendesen folyik olyan, mint a csillogó tengervíz egy napfényes napon, és visszatükrözi a napfényt. Olyan tiszta és átlátszó, hogy egyetlen víztesthez sem hasonlítható ezen a földön. Egy kis távolságból nézve kéknek tűnik, és olyan, mint a Földközi-tenger vagy az Atlanti-óceán mélykék vize.

A folyó mindkét partján szépséges padok vannak elhelyezve, melyek körül életfák vannak, minden hónapban gyümölcsöket hozva. Az élet fájának gyümölcsei nagyobbak, mint a földi gyümölcsök, és annyira ízletesek és illatosak, hogy le sem lehet őket írni megfelelően. Amikor a szádba veszed őket, elolvadnak, mint a vattacukor.

A Paradicsomban nincs személyes tulajdon

A mennyben a férfiak haja a nyakvonalig ér, azonban a nőké

kifejezi a megkapott jutalmak mennyiségét. A leghosszabb női haj a derékig is leérhet. A Paradicsombeli emberek azonban nem kapnak jutalmakat, így a nők haja éppen olyan hosszú, mint a férfiaké.

Egy darabban szőtt fehér ruhát viselnek, nincsen melltű vagy hajdísz rajtuk, esetleg korona sem a ruházathoz – azért, mert nem tettek semmit Isten királyságáért, amikor ezen a földön éltek. Hasonlóképpen, mivel senki nem kapott jutalmakat a Paradicsomban, nincs személyes házuk, koronájuk, dísztárgyaik, vagy angyalaik, akik kiszolgálnák őket. Csak egy helyük van a lelkeknek a Paradicsomban, ahol élhetnek. Egymást kiszolgálva élnek itt.

Hasonló az Édenkertbeli állapotokhoz, mivel ott sincs minden lakónak háza, azonban a boldogság mértékében jelentős különbség létezik a két hely között. A Paradicsomban az emberek Istent „Abba Atyának" hívhatják, mivel elfogadták Jézus Krisztust és megkapták a Szentlelket, s így olyan fokú boldogságot éreznek, amely nem hasonlítható össze az Édenkertbelivel.

Olyan nagy áldás és értékes dolog, hogy erre a világra születtél, megtapasztalhatsz mindenféle jó és rossz dolgot, Isten igaz gyermekévé válhatsz, és lehet hited.

A Paradicsom tele van boldogsággal és örömmel

Még a Paradicsombeli élet is tele van boldogsággal, örömmel, mivel nincs gonoszság, és mindenki a másik előnyeit keresi először. Senki nem árt senkinek, hanem szeretettel szolgálja a

másikat. Milyen elragadó lenne az élet így!
Továbbá: mivel nem kell aggódni a lakhatásért, ruházatért, ételért, és mivel nincsenek könnyek, szomorúság, betegségek fájdalom vagy halál, ez maga a boldogság.

„*És az Isten eltöröl minden könyet az ő szemeikről; és a halál nem lesz többé; sem gyász, sem kiáltás, sem fájdalom nem lesz többé, mert az elsők elmúltak*" (A Jelenések könyve 21,4).

Azt is láthatod, hogy amint vannak vezetők az angyalok között, a Paradicsomban is létezik hierarchia az emberek között, például képviselők és a képviseltek. Mivel mindenki hitcselekedete más, azok, akiknek nagyobb a hitük, képviselők lesznek, hogy egy csoport embert vagy egy helyet képviseljenek.

Ezek az emberek más ruhát viselnek, mint az egyszerű emberek a Paradicsomban, és mindenben elsőbbséget élveznek. Ez nem igazságtalan, hanem Isten pártatlan igazsága szerint történik, hogy mindenki a tetteinek megfelelően kapjon vissza.

Mivel nincs féltékenység vagy irigység a mennyországban, az emberek nem utálkoznak, és nem sértődnek meg, ha valaki valamit kap. Ehelyett boldogok, amikor azt látják, hogy mások jó dolgokat kapnak.

Rá kell jönnöd, hogy a Paradicsom összehasonlíthatatlanul jobb és szebb hely, mint bármelyik másik hely a földön.

2. Milyen emberek mennek a Paradicsomba?

A Paradicsom egy szép hely, amely Isten nagyszerű szeretete és kegyelme által termett. Egy hely azok számára, akik nem eléggé képzettek ahhoz, hogy Isten igaz gyermekei legyenek, de ismerték Istent és hittek Jézus Krisztusban, és ezért nem lehet őket a pokolba küldeni. Akkor, pontosan milyen emberek mennek a Paradicsomba?

A halál előtti bűnbánat

Először is, a Paradicsom azoknak a helye, akik a haláluk előtt közvetlenül bánták meg a bűneiket és fogadták el Jézus Krisztust, hogy megmeneküljenek, mint az a bűnöző, aki Jézus mellett volt a kereszten. Ha elolvasod Lukács evangéliumát a 23,39 résztől kezdve, azt olvashatod, hogy két bűnöző volt Jézus mellett mindkét oldalon, keresztre feszítve. Egyikük sértegette Jézust, míg a másik megszidta az elsőt, és elfogadta a Megmentőjét. Jézus azt mondta ennek a másodiknak, hogy meg fog dicsőülni. Ezt mondta neki: *„Bizony mondom néked, hogy még ma velem leszel a Paradicsomban"* (Lukács evangéliuma 23,43). Ez a bűnöző éppen csak elfogadta Jézust, mint Megmentőjét. Nem dobta el a bűneit, és nem is élt Isten szava szerint. Mivel közvetlenül a halála előtt fogadta el az Urat, nem volt ideje, hogy megtanulja az Úr szavát, és annak megfelelően éljen.

Rá kell jönnöd, hogy a Paradicsom azoké, akik elfogadták Jézust, de semmit sem tettek Isten királyságáért, mint ez a bűnöző, akit Lukács 23-ban találunk.

Igen, ha ezt gondolod: „Elfogadom az Urat a halálom előtt,

Paradicsom

hogy a Paradicsomba mehessek, mely oly szép és boldog, és nem hasonlítható össze ezzel a földdel," ez nem jó ötlet. Isten azért engedte meg a bűnözőnek Jézus mellett, hogy megmeneküljön, mivel tudta, hogy jó volt a szíve, mellyel Istent szeretni tudta egész végig, és az Urat nem hagyta volna el, ha több ideje lett volna élni.

Azonban mindenki nem fogadhatja el az Urat a halála előtt, és a hit sem adható egyetlen pillanat alatt. Ezért tudnod kell, hogy az ilyen eset nagyon ritka, mint az, amikor a Jézus mellett keresztre feszített bűnöző megmenekült ily módon, közvetlenül a halála előtt.

Azok az emberek, akik a maradék megmentést kapják, még sok gonoszságot hordoznak a szívükben, még akkor is, amikor megmenekülnek, mivel úgy éltek, ahogy csak akartak.

Örökre hálásak lesznek Istennek azért, mert a Paradicsomban lehetnek és az örök életet élvezhetik, mivel elfogadták Jézus Krisztust Megmentőjükként, bár semmit sem tettek hittel ezen a földön.

A Paradicsom nagyban különbözik Új Jeruzsálemtől, ahol Isten Trónja található, de az a tény, hogy nem mentek a pokolba, hanem megmenekültek, nagyon boldoggá teszi őket.

A fejlődés hiánya a spirituális hitben

Másodszorra: még ha el is fogadták az emberek Jézust és volt is hitük, ha ez a hit nem növekedett, a maradék megmentésben részesülnek, és a Paradicsomba kerülnek. Nemcsak az új hívők, hanem azok a keresztények is, akik már régóta hittek ugyan, de a hitük örökre az első szinten maradt – a Paradicsomba kell hogy menjenek.

Egy alkalommal Isten megengedte nekem, hogy meghalljam a vallomását egy olyan hívőnek, aki hosszú ideje hitt már, és jelenleg a Paradicsom szélén levő Várószobában várakozik.

Egy olyan családba született, akik egyáltalán nem ismerték Istent és bálványokat imádtak, és ez az ember csak az élete későbbi szakaszában lett hívő. Mivel nem volt igaz hite, a bűnnel élt együtt, valamint az egyik szemére vak is lett. Akkor jött rá, hogy mi az igaz hit, amikor elolvasta Az örök élet megkóstolása a halál előtt című könyvemet, csatlakozott az egyházunkhoz, és később a mennyországba ment, miközben az egyházunkban keresztény életet élt.

Hallhattam az örömteli vallomását azzal kapcsolatban, hogy megmenekült, mivel – miután rengeteg fájdalmon és szomorúságon átment a betegségei miatt – a Paradicsomba került.

„Olyan boldog és szabad vagyok, miután ide feljöhettem, a húsom eldobása után. Nem tudom, miért ragaszkodtam annyira a fizikai, érzéki dolgokhoz, hisz mind haszontalanok és értelem nélküliek voltak.

Ezt tenni értelmetlen, mivel én is, miután ezeket eldobtam magamtól, akkor kerülhettem ide. A földi életemben voltam örömteli és hálás is, csalódtam és elkeseredtem. Amikor itt magamra nézek ebben a kényelemben és boldogságban, azokra az időkre emlékszem, amikor az értelmetlen életbe kapaszkodtam, és ott tartottam magam. A lelkem most semmit sem hiányol, hogy ezen a kényelmes helyen lehetek, és a tény, hogy a megmentés helyén lehetek, nagy örömöt jelent nekem.

Nagyon jól érzem magam ezen a helyen, mivel a húsomat eldobtam, és nagyszerű, hogy itt lehetek, a földi fárasztó életem után. Nem igazán tudtam, milyen jó dolog a hústól megszabadulni, de nagyon békésnek érzem magam, hogy megtettem, és hogy erre a helyre kerültem.

Nem voltam képes látni, járni, sok dolgot megtenni, és ezek mind fizikai kihívást jelentettek nekem, de nagyon hálás vagyok, mivel megkaptam az örök életet és idejöttem, mivel úgy érzem, azért lehetek itt, mivel ezek a dolgok mind megtörténtek velem.

Ahol én vagyok nem az Első Királyság, nem a Második vagy a Harmadik, és nem is Új Jeruzsálem, mivel csak a Paradicsomban vagyok, de annyira örülök, és olyan hálás vagyok, hogy itt lehetek.

A lelkem elégedett ezzel.
A lelkem hálálkodik ezért.
A lelkem boldog emiatt.
A lelkem dicséretet mond ezért.

Azért örülök és azért vagyok hálás, mert befejeztem a nyomorult és siralmas életemet, és eljöttem ezt a kényelmes életet élvezni."

Visszaesés a hitben, a megpróbáltatások miatt

Végül: vannak olyan emberek, akik hűségesek voltak, azonban a hitük fokozatosan elhidegedett, langyossá vált, különböző okok miatt, és alig menekültek meg. Egy ember, aki presbiter volt a templomomban számos feladatát hűségesen elvégezte.

Kívülről a hite nagynak tűnt, azonban egy napon komoly betegség érte utol. Még beszélni sem tudott, s így eljött hozzám, hogy imádkozzak érte. Nem azért imádkoztam, hogy meggyógyuljon, hanem azért, hogy megmeneküljön. Abban az időben a lelke nagyon szenvedett, mivel félt, hiszen a lelkéért küzdöttek az angyalok, akik a mennybe akarták vinni, és az ördögök, akik a pokolba szerették volna levinni őt. Ha lett volna elég hite, hogy megmeneküljön, a gonosz lelkek nem jöttek volna el érte. Azonnal imádkozni kezdtem, hogy a gonosz szellemeket elűzzem tőle, és kértem Istent, hogy fogadja ezt az embert. Az ima után rögtön megkönnyebbült, és sírni kezdett. A halála előtt megbánta bűneit, és épp, hogy megmenekült.

Veled is megtörténhet ugyanez: még ha ki is neveznek presbiterré vagy diakónussá, Isten szemében szégyen lenne, ha bűnben élnél. Ha nem fordulsz el az ilyen langyos hitélettől, a Szentlélek fokozatosan eltűnik benned, és nem menekülhetsz meg.

„Tudom a te dolgaidat, hogy te sem hideg nem vagy, sem hév; vajha hideg volnál, vagy hév. Így mivel lágymeleg vagy, sem hideg, sem hév, kivetlek téged az én számból" (A Jelenések könyve 3,15-16).

Tudnod kell ezért, hogy a Paradicsomba menni nagyon

szégyenteljes megmenekülés, és lelkesebben és élénkebben kell törekedned a hited növelésére.

Egyszer ez az ember meggyógyult az imámtól, és még a felesége is visszatért a halál küszöbéről, szintén az imám hatására. Ez a család egy boldog családdá változott, mivel meghallgatták az élet szavát. Ezt követően Isten hűséges munkásává fejlődött a presbiter cselekedetei által, és a szolgálatában is hűséges volt.

Azonban amikor a templomunk megpróbáltatásoknak volt kitéve, nem próbálta meg megvédeni, hanem megengedte, hogy a Sátán ellenőrizze a gondolatait. A szájából távozó szavak nagy bűnfalat alkottak saját maga és Isten között. Végül már nem maradhatott Isten védelmében, és ekkor támadta meg a súlyos betegség.

Isten munkásaként nem lett volna szabad semmit meglátnia vagy meghallania, ami Isten akarata ellen való volt, de ő megtette ezt, és terjesztette is őket. Mivel elfordult Isten nagyszerű kegyelmétől amikor meggyógyult a betegségéből, Isten el kellett hogy forduljon tőle. A jutalmai lemorzsolódtak, és nem tudott elég erőt összeszedni ahhoz, hogy imádkozzon.

A hite visszafejlődött egészen addig a pontig, hogy már a megmenekülésben sem hitt. Szerencséjére Isten emlékezett a szolgálataira, amelyeket a templomban végzett a múltban. Így az ember megkaphatta a maradék, szégyenteljes megmenekülést, mivel Isten megadta neki a kegyelmet, hogy megbánja a bűneit, mindazt, amit korábban tett.

A megdicsőülés miatt érzett teljes hála

Milyen vallomásai lehetnek, miután megmenekül, és eljut a

Paradicsomba? Mivel a mennyország és a pokol találkozásánál menekült meg, hallhattam, amint igaz békével vallott:

„Így menekültem meg. Bár a Paradicsomban vagyok, elégedett vagyok, mivel megszabadultam a félelemtől és a nehézségektől. A lelkem, amely lement volna a sötétbe, erre a gyönyörű és kényelmes fényre jött."

Milyen nagy lesz az öröme, miután megszabadul a pokoltól való félelmétől! Azonban, mivel a templom presbitereként szégyenteljes megdicsőülése volt, Isten megengedte nekem, hogy meghalljam a bűnbánó imáját, amíg a Felső Sírban volt, mielőtt a Paradicsombeli Várószobába ment volna. Ott is megbánta a bűneit, és megköszönte nekem, hogy imádkoztam érte. Azt is megígérte Istennek, hogy folyamatosan imádkozik a templomunkért és értem, és egészen addig teszi ezt, amíg újra találkozunk a mennyországban.

Az emberi műveltség kezdetei óta a földön több olyan ember létezett összesen, aki jogosan mehetett volna a Paradicsomba, mint az összes többi helyre engedélyezett emberek száma az egész Mennyország területén.

Azok, akik éppen megmenekülnek és a Paradicsomba kerülnek, nagyon hálásak és boldogok, mivel élvezhetik a Paradicsom kényelmét és áldását, mivel nem estek a pokolba annak ellenére sem, hogy nem éltek példás keresztény életet a földön.

Azonban a Paradicsombeli boldogság össze sem hasonlítható az Új Jeruzsálembelivel, és a következő szint boldogságával sem, ami a Mennyország Első Királysága. Rá kell jönnöd: ami igazán fontos Istennek, az nem a hitbeli éveid száma, hanem a szíved hozzáállása Istenhez, és az, hogy milyen mértékben cselekszel Isten akarata szerint.

Manapság nagyon sok ember él a bűnös természet szerint, miközben bevallják, hogy megkapták a Szentlélek ajándékát. Ezek az emberek épp hogy megkaphatják a szégyenteljes dicsőséget, eljutva a Paradicsomba, vagy végül a pokolba, a halálba jutnak, mivel a bennük lévő Szentlélek el fog tűnni.

Vagy néhány névleges hívő, aki csak állítja, hogy hisz, arrogánssá válik, ahogy megtanulja Isten szavát, és elítéli a többi hívőt, bár azok már hosszú ideje keresztény életet élnek. Függetlenül attól, hogy milyen lelkes és hűséges a hozzáállásuk Isten szolgálatához, nem jó, ha nem jönnek rá a saját gonoszságukra, és nem dobják el a bűneiket.

Ezért, az Úr nevében imádkozom azért, hogy te, Isten gyermeke, aki megkaptad a Szentlelket, eldobhasd a bűneidet és az összes gonoszságot, hogy arra törekedhess, hogy csakis Isten szava szerint élj.

Hetedik fejezet

A Mennyország Első Királysága

1. A szépsége és boldogsága felülmúlják a Paradicsomot
2. Kik mennek az Első Királyságba?

Mindaz pedig a ki pályafutásban tusakodik,
mindenben magatûrtetõ;
azok ugyan,
hogy romlandó koszorút nyerjenek,
mi pedig romolhatatlant.

- Pál első levele a korinthusiakhoz 9,25 -

A Paradicsom azok számára létezik, akik elfogadták Jézus Krisztust, de nem tettek semmit a hitükkel. Sokkal boldogabb és szebb hely, mint bármelyik másik itt a földön. Akkor, mennyivel lesz szebb hely a Mennyország Első Királysága, ahová azok jutnak, akik Isten szavának megfelelően éltek?

Az Első Királyság közelebb van Isten Trónjához, mint a Paradicsom, de sok olyan hely van a Mennyországban, amely jobb, mint ez. Azonban azok, akik bejutottak ide, meg lesznek elégedve ezzel a hellyel, és teljesen boldogok lesznek. Oly módon, mint az aranyhal, aki elégedett, hogy az akváriumában lehet, és nem is akar semmi többet magának.

Részletesen meg fogod látni, milyen hely az Első Királyság, amely eggyel felsőbbrendű hely, mint a Paradicsom, és azt is, hogy milyen típusú emberek mehetnek ide.

1. A szépsége és boldogsága felülmúlják a Paradicsomot

Mivel a Paradicsom azoknak a helye, akik semmit sem tettek a hitükért, ezért nem lesznek számukra jutalomként adott személyes tulajdonok. Az Első Királyságtól kezdődően azonban a személyes tulajdontárgyak, mint a ház vagy a koronák, jutalmul járnak.

Az Első Királyságban mindenki a saját házában lakik, és megkapja jutalmul az örökre szóló koronát. Nagyon nagy dicsőség az, hogy mindenkinek saját háza van, tehát az Első Királyságban mindenki olyan boldog, hogy ez az állapot nem hasonlítható a Paradicsombelihez.

Saját házak, gyönyörűen díszítve

A személyes házak az Első Királyságban nem különálló házak, hanem a társasházakhoz hasonlítanak itt a földön. Azonban ezek nem cementből vagy téglából készülnek, hanem gyönyörű mennyei anyagokból, mint az arany és a különböző ékszerek.

Ezeknek a házaknak nincsenek lépcsőházaik, csak szépen kialakított liftjeik. Ezen a földön meg kell nyomnod egy gombot, de a mennyekben automatikusan oda mennek, ahová akarod.

Azok között, akik voltak már a Mennyországban, léteznek olyanok, akik azt állítják, hogy lakrészeket láttak ott, és ez azért van, mert az Első Királyságot látták a sok mennyei hely közül. Ezek a lakosztályok, amelyek házakra hasonlítanak, mindennel fel vannak szerelve, ami a megélhetéshez kell, és így minden nagyon kényelmes.

Azok számára, akik szeretik a zenét, léteznek hangszerek is, hogy játsszanak rajtuk, valamint könyvek is vannak azoknak, akik szeretnek olvasni. Mindenkinek megvan a személyes tere, ahol pihenhet, és ez a hely nagyon otthonos.

Az Első Királyságban a berendezkedés a tulajdonos ízlése szerinti. Sokkal szebb és boldogabb hely, mint a Paradicsom, tele örömmel és kényelemmel, amihez foghatót soha nem tapasztalsz itt a földön.

Közkertek, tavak, úszómedencék, és hasonlóak

Mivel a házak az Első Királyságban nem egyedülálló házak, a

kertek és tavak, úszómedencék és golfpályák is, mind publikusak. Ugyanolyan, mint azon emberek számára a földön, akik lakrészekben laknak a tömbházakban.

Ezek a köztulajdonú helyek soha nem kopnak el és nem is robbannak le, mivel az angyalok a legjobb körülményeket tartják fenn. Segítik az embereket ezeknek a helyeknek a használatában, tehát annak ellenére, hogy közhelyek ezek, senkinek sem okoznak semmilyen kellemetlenséget.

A Paradicsomban nincsenek kiszolgáló angyalok, azonban az Első Királyságban az emberek kérhetnek segítséget tőlük. A boldogság, amit éreznek, teljesen más természetű. Bár nincs olyan angyal, aki egy bizonyos emberhez tartozik, léteznek olyanok, akik a berendezéseket és az épületeket gondozzák.

Például, ha gyümölcsöt akarsz enni, amint a szeretteiddel beszélgetsz az Élet Vizének Folyama partján álló padokon ülve, az angyalok azonnal gyümölcsöket fognak hozni nektek, udvariasan felajánlva őket. Mivel léteznek olyan angyalok, akik Isten gyermekeit kiszolgálják, az itt érzett boldogság és öröm teljesen más természetű, mint a Paradicsomban.

Az Első Királyság magasabb rendű, mint a Paradicsom

Még a virágok színe és illata is teljesen más, és az állatok szőrének csillogása is teljesen más, mint a Paradicsomban. Ez azért van, mert Isten mindent úgy adományoz, hogy mindenki a hite szintjének megfelelően részesüljön az ajándékokban a Mennyország különböző részein.

Az embereknek ezen a földön a szépséggel kapcsolatos elvárásaik nagyon különbözőek. A virágok szakértői például egyetlen virág szépségét sokféle szempont alapján határozzák meg. A mennyországban a virágok illata aszerint változik, hogy hol helyezkedik el. Azonban még ugyanazon a helyen belül is, mindenik virágnak más az illata.

Isten olyanra teremtette a virágokat az Első Királyságban, hogy az emberek akkor érezzék magukat a legjobban, amikor az illatukat érzik. Természetesen a gyümölcsöknek is különböző illatuk van, attól függően, hogy a Mennyország melyik részében vannak. Isten úgy teremtette meg a gyümölcsöket, hogy az ízük és a színük aszerint legyen más és más, hogy melyik lakóhelyen helyezkednek el.

Hogyan készülsz egy vendég fogadására, és mivel szolgálsz neki? Megpróbálsz a lehető legnagyobb mértékben a kedve szerint tenni.

Hasonlóképpen: Isten is mindent előkészített gondosan, hogy az Ő gyermekei minden szempontból meg legyenek elégedve.

2. Kik mennek az Első Királyságba?

A Paradicsom a mennyországnak az a része, ahol azok laknak, akik a hit első szintjén állnak, és azáltal dicsőültek meg, hogy hittek Jézus Krisztusban, azonban semmit nem tettek Isten királyságáért. Kik mennek az Első Királyságba, amely a Paradicsom fölött van, hogy az örök életet élvezzék ott?

Emberek, akik megpróbálnak Isten szava szerint élni

A Mennyország Első Királysága azok számára létezik,

akik elfogadták Jézus Krisztust, és megpróbáltak Isten szava szerint élni. Azok, akik éppen elfogadták az Urat, vasárnap templomba jönnek és meghallgatják Isten szavát, de nem tudják igazán, hogy mi a bűn, miért kell imádkozniuk, és miért kell a bűneiket eldobniuk maguktól. Akik a hit első szintjén vannak, megtapasztalták – a víz és a Szentlélek által – az első szerelem megszületésének örömét, de nem tudják igazán, mi a bűn és még fel sem fedezték a saját bűneiket.

Azonban ha eléred a hit második szintjét, rájössz a bűneidre és az igazságra a Szentlélek segítségével. Tehát megpróbálsz úgy élni, hogy Isten szavát betartod, de ezt nem teheted meg azonnal úgy, ahogy egy kisgyerek is először meg kell hogy tanuljon járni, s miután sokszor elesett és felállt már, képes lesz járni.

Az Első Királyság ezeknek az embereknek való, akik Isten szavát megpróbálják tiszteletben tartani, és az örök koronákat meg fogják kapni. Az atlétáknak a játékszabályokat betartva kell játszaniuk (Pál második levele Timóteushoz 2,5-6), Isten gyermekeinek is meg kell vívniuk a jó harcot a hitükért, az igazságnak megfelelően. Ha elhanyagolod a spirituális birodalom szabályait, amelyek Isten szabályai, halott lesz a hited, és a helyzet olyan, mint amikor egy atléta nem a szabályoknak megfelelően küzd. Ekkor nem tekintenek rád úgy, mint résztvevőre, és nem kaphatsz koronát sem.

Bárki, aki az Első Királyságba jut, azért kap koronát, mert Isten szavának megfelelően próbált élni, és még akkor is ide jut, ha nem tett eleget a hite bizonyításának érdekében. Ennek ellenére mindenki kap koronát, aki az Első Királyságba jut, mivel megpróbált Isten szavának megfelelően élni, bár a tettei nem igazolták ezt kellőképpen. Ez azonban még mindig szégyenteljes megdicsőülésnek számít, és azért van, mert nem éltek teljes mértékben Isten akaratának megfelelően, bár a hitük elég erős volt ahhoz, hogy bejussanak az Első Királyságba.

Szégyenteljes megmenekülés, ha a munkát felégetik

Mi is pontosan a „szégyenteljes, maradék megmenekülés?" Pál korinthusiakhoz írt első levelének 3,2-15 verseiben azt látod, hogy az egyén által elvégzett munka vagy meggyullad, vagy túlél mindent.

> „Ha pedig valaki aranyat, ezüstöt, drágaköveket, fát, szénát, pozdorját épít rá erre a fundamentomra; Kinek-kinek munkája nyilván lészen: mert [ama] nap megmutatja, mivelhogy tűzben jelenik meg; és hogy kinek-kinek munkája minémű legyen, azt a tűz próbálja meg. Ha valakinek a munkája, a melyet ráépített, megmarad, jutalmát veszi. Ha valakinek a munkája megég, kárt vall. Ő maga azonban megmenekül, de úgy, mintha tűzön keresztül."

A „fundamentum" itt Jézus Krisztusra utal, és azt jelenti, hogy bármit építünk erre az alapra, a munkánk tűzpróbák által lesz látható.

Egyrészt azok munkája, akik hite az aranyhoz, ezüsthöz vagy drágakövekhez hasonlít, még a tüzes próbáknak is ellenáll, mivel ők Isten akarata szerint cselekednek. Másrészt azok munkája, akiknek a hite a fához, szénához vagy szalmához hasonlítható, el fog égni, amikor a tüzes próbákkal szembetalálják magukat, mivel ők nem tudnak Isten szavának megfelelően cselekedni.

Ha párosítani akarjuk ezeket a hit mértékével, az arany az ötödik (a legmagasabb szintű), az ezüst a negyedik, a drágakő a harmadik, a fa a második, valamint a széna az első (és a legalacsonyabb szintű) fokmérője a hitnek. A fában és szénában van élet – a fa azt jelenti, hogy az egyénnek van hite, de gyenge a mértéke. A szalma azonban száraz és nincs benne élet, és azokra vonatkozik, akiknek egyáltalán nincs hite.

Ezért akiknek egyáltalán nincs hitük, semmi közük sincsen a megdicsőüléshez. A fa és a széna, amelyek azok hitét jelzik, akiknek a munkáit a tüzes megpróbáltatások felégetik, a szégyenteljes megmenekülésre, megdicsőülésre vonatkoznak. Isten fel fogja ismerni az arany, ezüst és drágakő hitet, de nem tudja felismerni a fa és a széna hiteket.

A cselekedetek nélküli hit halott

Lehet, hogy néhányan ezt gondolják: „Régóta keresztény vagyok, tehát a hit első szintjéről rég el kellett mozdulnom, ezért legalább az Első Királyságba kell jutnom." Azonban, ha valóban van hited, természetesen Isten szavának megfelelően fogsz élni. Ugyanígy, ha a törvényt megszeged és nem dobod el a bűneidet, az Első Királyság, vagy még a Paradicsom is elérhetetlenné válik a számodra.

Jakab levelének 2,14 versében a Biblia ezt kérdi tőled: *„Mi a haszna, atyámfiai, ha valaki azt mondja, hogy hite van, cselekedetei pedig nincsenek? Avagy megtarthatja-é őt a hit?"* Ha nincs cselekedeted, nem menekülhetsz meg. A cselekedetek nélküli hit halott. Azok, akik nem küzdenek a bűn ellen, nem menekülhetnek meg, mivel olyanok ők, mint az az ember, aki kapott egy pénzérmét (gírát), és egy ruhadarabban elrejtve őrizte azt (Lukács evangéliuma 19,20-26).

A „gíra" itt a Szentlelket jelenti, melyet Isten azoknak ad ajándékba, akik kinyitják a szívüket és elfogadják Jézus Krisztust személyes megmentőjükként. A Szentlélek képessé tesz téged arra, hogy rájöjj, mi a bűn, mi az igazság, mi az ítélet, és segít abban, hogy megmeneküljés a mennyországba juss.

Egyrészt ha megvallod a hitedet Istenben, de nem metéled körbe a szíved, mivel a Szentlélek kívánságát sem teljesíted, és az igazságot sem követed, a Szentlélek nem marad a szívedben. Másrészt, ha a bűneidet eldobod és Isten akarata szerint élsz – a Szentlélek segítségével – hasonlíthatsz Jézus Krisztus szívére, aki az igazság maga.

Azok, akik Isten gyermekeként megkapják a Szentlelket ajándékként, szent szívűekké kell hogy váljanak, hogy a Szentlélek gyümölcseit teremjék, és elérhessék a tökéletes megdicsőülést.

Fizikailag hűséges, de szellemileg körülmetéletlen

Isten megmutatott nekem egy hívőt, aki meghalt és az Első Királyságba jutott, és általa annak jelentőségét is megmutatta, hogy a hitet cselekedetek kövessék. 18 évig volt a templomunk pénzügyi osztályának egyik tagja, és végig hűséges volt. Isten más munkáiban is hűséget mutatott, és megkapta a presbiteri címet is. Számos üzletben próbált gyümölcsöket teremni és Istent dicsőíteni, sokszor megkérdezve magát: „Hogyan tudnám Isten dicsőségét még jobban kiteljesíteni?"

A Mennyország Első Királysága

Azonban nem volt túlságosan sikeres, mivel Istenre szégyent hozott azzal, hogy nem követte a helyes utat az érzéki gondolatai és a szíve miatt, amely sokszor követte a saját érdekét. Tisztességtelen kijelentéseket tett, másokkal dühösen viselkedett, és Isten szavának számos vonatkozásban ellenállt.

Más szóval, bár fizikailag hűséges volt, nem metélte körül a szívét, ami a legfontosabb dolog, így a hit második fokán maradt. Sőt, ha az anyagi és személyes gondjai hosszabb távon fennálltak volna, nem őrizte volna meg a hitét, hanem kompromisszumot kötött volna az igazságtalansággal.

Végül Isten a legjobb pillanatban hívta őt magához, mivel a hitének a növekedése miatt még a Paradicsomba sem jutott volna be.

A halála utáni spirituális kommunikációval kifejezte a háláját, és megbánást tanúsított, többek között azért, mert a lelkészeket megsérttette azzal, hogy nem az igazságot követte, másoknak kárt okozott és megsértette őket, és még miután Isten szavát hallgatta a templomban, még akkor sem cselekedett. Azt vallotta, hogy mindig is feszültséget érzett azért, mert nem bánta meg a bűneit, amikor még a földön tartózkodott, de most boldog volt, amiért megvallhatta a bűneit.

Azt is mondta, hogy örült, amiért nem a Paradicsomban kötött ki, mint egy presbiter. Ebben a minőségben még így is szégyen volt, hogy csak az Első Királyságba került, de itt sokkal jobban érezte magát, hiszen ez a hely sokkal dicsőségesebb, mint a Paradicsom.

Rá kell jönnöd: az a legfontosabb dolog, hogy a szíved körülmetéld, mert ehhez képest a fizikai hűség és a rangok mind másodrangúak.

Isten elvezeti az Ő gyermekeit a Mennyország jobb részeibe, a megpróbáltatások által

Egy atlétának nehéz tréningen kell átmennie, hosszú időn át, hogy nyerhessen, és ugyanígy neked is szembe kell nézned a nehézségekkel, hogy a mennyei jobb helyekre költözhess. Isten megengedi a gyermekeinek ezeket a nehézségeket, melyek három csoportba oszthatók.

Először léteznek olyan megpróbáltatások, amelyek azt szolgálják, hogy a bűneidet eldobd. Annak érdekében, hogy Isten igaz gyermekévé válhass, a bűneid ellen harcolnod kell, egészen a véred ontásáig is, mert csak így dobhatod el teljesen a bűneidet. Azonban Isten azért büntet meg néhány embert, mert ahelyett, hogy a bűneivel leszámolna, továbbra is bennük él (A zsidókhoz írt levél 12,6). Ahogy a szülők néha megbüntetik a gyermekeiket, hogy a jó útra tereljék őket, Isten néha megengedi azt, hogy a gyermekei megpróbáltatásokon menjenek át, hogy így tökéletesíthessék magukat.

Másodszor: léteznek olyan megpróbáltatások, amelyek által jó edénnyé válunk, és dicsőséget kapunk. Dávid, még amikor fiatal fiú volt, megmentette a juhait úgy, hogy megölt egy medvét vagy egy oroszlánt, amely elvette az ő nyáját. Akkora hite volt, hogy még Góliátot is megölte, akitől a teljes izraeli hadsereg félt, egy kővel és parittyával úgy, hogy kizárólag Istenben bízott. Azért kellett megpróbáltatásokon átmennie, például amikor Saul király üldözte, mivel Isten megengedte, hogy ezek a megpróbáltatások naggyá királlyá, valamint Isten nagyszerű edényévé alakítsák.

Harmadszor, azért vannak ilyen próbák, hogy Isten

megszüntethesse a semmittevést, mivel ha az emberek békében vannak, általában távol tartják magukat Istentől. Például léteznek olyanok, akik hűségesek Isten királyságához, és ennek következtében anyagi jutalmakat kapnak. Ekkor abbahagyják az imádkozást és az Isten iránti lelkesedésük alábbhagy. Ha Isten így hagyja őket, ebben az állapotban, lehet, hogy halálra jutnak. Ezért van, hogy Isten új próbák elé állítja őket, hogy ismét megtisztuljon az agyuk.

El kell dobnod a bűneidet, igazságosan kell viselkedned, és Isten előtt megfelelő edénynek kell lenned, hogy megvalósíthasd Isten szívét, amely megengedi a hitpróbákat. Remélem, hogy teljesen megkapod a nagyszerű áldásokat, amelyeket Isten előkészített a számodra.

Lehet, hogy lesz olyan, aki ezt mondja: „Meg akarok változni, de nem könnyű, pedig nagyon próbálkozom." Azonban ezt nem azért mondja, mert valóban nehéz megváltozni, hanem azért, mert mélyen a szívében hiányzik az akarat és szenvedély, hogy megváltozzon.

Ha rájössz Isten szavára spirituálisan, és a szíved mélyéről megpróbálsz megváltozni, hamar elérheted ezt, mivel Isten ad neked erőt és kegyelmet, hogy ezt megtedd. A Szentlélek természetesen segíteni fog téged az úton. Ha a szívedben ismered Isten szavát, de csak ismeretként bánsz vele, és nem cselekszel annak megfelelően, nagy valószínűséggel büszke és beképzelt leszel, és nehéz lesz neked a megdicsőülés.

Ennélfogva az Úr nevében imádkozom, hogy ne veszítsd el a szenvedélyt és az örömöt az első szerelmedben, és folytasd a Szentlélek vágyának követését, hogy jobb hely jusson neked osztályrészül a Mennyországban.

Nyolcadik fejezet

A Mennyország Második Királysága

1. Gyönyörű magánházat kap mindenki
2. Milyen emberek mennek a Második Királyságba?

*A köztetek lévő presbitereket kérem én,
a presbitertárs,
és a Krisztus szenvedésének tanuja,
és a megjelenendő dicsőségnek részese;
Legeltessétek az Istennek köztetek lévő nyáját,
gondot viselvén arra nem kényszerítésből,
hanem örömest;
sem nem rút nyerészkedésből,
hanem jóindulattal;
Sem nem úgy,
hogy uralkodjatok a gyülekezeteken,
hanem mint példányképei a nyájnak.
És mikor megjelenik a főpásztor,
elnyeritek a dicsőségnek
hervadatlan koronáját.*

- Péter első levele 5,1-4 -

Egyrészt, függetlenül attól, hogy mennyit hallasz a Mennyországról, hasztalan lesz, ha nem valósítod azt meg a szívedben, mivel nem hiszel benne. Amint egy madár felszedi az ösvény mellett elvetett magokat, úgy az ellenséges Sátán és az ördög elveszik a mennyországról szóló szavakat tőled (Máté evangéliuma 13,19).

Másrészt, ha meghallgatod és megérted a mennyországról szóló dolgokat, hitbeli életet élhetsz reménnyel, és olyan termést teremhetsz, amely harminc-, hatvan-, százszoros megtérülését hozza az elvetett magoknak. Mivel Isten szava szerint élhetsz, nemcsak a feladatodat teljesítheted, hanem szentesülhetsz, és Isten minden házában hűséges lehetsz. Milyen hely a Második Királyság, és milyen emberek kerülnek ide?

1. Gyönyörű magánházat kap mindenki

Amint azt kifejtettem, azok, akik a Paradicsomba vagy az Első Királyságba mennek, szégyenteljes vagy maradék megváltásban részesülnek, mivel a tüzes megpróbáltatásaik alatt a munkájuk nem marad meg. Azonban azok, akik a Második Királyságba mennek olyan hittel bírnak, amely átmegy a tüzes próbákon, és jutalmakat kapnak, amelyek nem hasonlíthatóak össze azokkal, amelyeket a Paradicsomban vagy az Első Királyságban kapnak az emberek, és amely megfelel Isten igazságának, amely szerint mindenki azt kap, amit vetett.

Ha annak a boldogsága, aki az Első Királyságba jutott, egy

akváriumban élő aranyhal boldogságával egyenlő, akkor azok boldogsága, akik a Második Királyságba mentek egy bálnáéhoz hasonlítható, amely a hatalmas Csendes-óceánban él.

Nézzük a Második Királyság jellemzőit, az ottani házakra és életre koncentrálva.

Földszintes magánház mindenki részére

Az Első Királyság házai olyanok, mint a lakrészek, de a Második Királyságbeliek teljesen függetlenek, földszintes magánházak. Ezek a házak nem hasonlíthatóak össze semmilyen gyönyörű házzal, hétvégi házzal, nyaralóval ezen a földön, mert hatalmasak, gyönyörűek, és divatosan díszítettek virágokkal és fákkal.

Ha a Második Királyságba mész, nemcsak a házat kapod ajándékba, hanem a kedvenc tárgyadat is. Ha úszómedencét akarsz, kapni fogsz egyet, gyönyörűen kidíszítve arannyal és ékszerekkel. Ha egy szép tavat akarsz, kapni fogsz egyet. Ha egy báltermet akarsz, azt is meg fogod kapni. Ha szeretsz gyalogolni, egy gyönyörű utat kapsz tele virágokkal és növényekkel a környékén, és körülötte játszadozó állatokkal.

Azonban, ha mindezen dolgokat – az úszómedencét, a tavat, a báltermet, az utat, és a többit – egyszerre szeretnéd, csak egyiküket kaphatod meg, azt, amelyiket a leginkább szeretnéd. Mivel a Második Királyságban minden embernek más és más tulajdona van, az emberek elmennek egymáshoz, hogy közösen élvezhessék, amijük van.

Ha valaki, akinek van bálterme, de nincs úszómedencéje úszni akar, átmehet a szomszédjához, akinek van, hogy úszhasson. A mennyországban az emberek kiszolgálják egymást, és soha nem érzik azt, hogy zavarják őket a látogatók. Ennek ellenére: boldogabbak lesznek. Ha valamit szeretnél élvezettel tenni, elmehetsz a szomszédokhoz és élvezheted azt náluk.

A Második Királyság minden tekintetben jobb, mint az Első Királyság. Azonban természetesen össze sem lehet hasonlítani Új Jeruzsálemmel. Nincsenek angyalok, akik Isten mindenik gyermekét kiszolgálnák. A házak mérete, szépsége, elragadósága nagyon különböző, és az ékszerek – amelyek a házakat díszítik – anyaga, színe és fényessége is nagyon más.

Az ajtók lapján gyönyörű, nagyszerű fény árad

A Második Királyságban lévő ház egyemeletes épület egy főbejárattal, melyen jelölik a ház tulajdonosának a nevét, és néhány esetben annak a templomnak, egyháznak a nevét is, ahol a tulajdonos szolgált. Az ajtó lapján gyönyörű fények ragyognak, a tulajdonos neve pedig mennyei betűkkel van jelölve, melyek ragyognak, és hasonlítanak az arab vagy héber betűkre. Az emberek a Második Királyságban így szólnak irigykedve: „Ez ennek és ennek a háza, aki azt a bizonyos templomot szolgálta!"

Lehet, hogy néhányan ezt gondolják: „Nem lesz kényelmetlen a Mennyországban, mivel nincsenek magánházak a Paradicsomban, és a Második Királyságban az embereknek csak egy tulajdona lehet?" A Mennyországban azonban semmi nincs, ami elégtelen vagy kényelmetlen lenne. Az emberek soha nem érzik kényelmetlenül magukat, mivel együtt élnek. Nem óvakodnak attól, hogy másokkal megosszák a tulajdonukat. Hálásak azért, hogy meg tudják osztani a tulajdonaikat egymással, és ezt egy nagy örömforrásnak tekintik.

Nem sajnálják, hogy csak egy tulajdontárgyuk lehet, és nem irigylik mások tulajdonát sem. Ehelyett mindig hálásak Istennek és nagyon meghatottak, hogy sokkal többet kaptak Tőle, mint amennyit megérdemeltek. Mindig elégedettek, változatlan örömmel és elragadtatással.

Az egyedüli dolog, amit sajnálnak az, hogy nem próbálkoztak eléggé és nem szentesültek teljesen, amikor ezen a világon éltek. Sajnálkoznak és szégyennel telve állnak Isten előtt, amiért nem dobták el a bennük lévő gonoszt. Még amikor azokat látják, akik a Harmadik Királyságba vagy Új Jeruzsálembe mentek, még akkor sem irigylik a nagy házaikat és a dicsőséges jutalmaikat, hanem sajnálják, hogy nem szentesültek teljesen.

Mivel Isten igazságos, azt fogod learatni, amit elvetettél, és annak megfelelően jutalmaz meg téged is, hogy mik voltak a tetteid. Ezért a mennyországban olyan helyet és ajándékot ad neked, amilyen mértékben szentesültél és hűséges voltál ezen a földön. Attól függően, hogy milyen mértékben éltél Isten szava szerint, Ő meg fog jutalmazni bőségesen téged.

Ha teljesen Isten szavának megfelelően éltél, Ő teljesen, 100%-ban megad neked mindent a Mennyországban. Azonban ha nem élsz teljesen az Ő akarata szerint, akkor annak megfelelően fog jutalmazni kizárólag, hogy mit tettél, de még így is bőségesen.

Ennélfogva függetlenül attól, hogy a Mennyország melyik szintjére jutsz, mindig hálás leszel Istennek azért, mert sokkal többet adott neked, mint amit tettél ezen a földön, és örökre boldogságban és örömben fogsz élni.

A dicsőség koronája

Isten, aki bőségesen jutalmaz, egy örökké tartó koronát ad azoknak, akik az Első Királyságba jutottak. Milyen koronát ad a Második Királyságba jutottaknak?

Annak ellenére, hogy nem szentesültek teljesen, ezek az emberek dicsőítették Istent azzal, hogy a feladataikat teljesítették. Tehát meg fogják kapni a dicsőség koronáját. Ha elolvasod Péter első levelének 5,1-4 verseit, láthatod, hogy a dicsőség koronája azoknak jár, akik példát mutatnak az Istenhez hűséges életvitelből.

> *„A köztetek lévõ presbitereket kérem én, a presbitertárs, és a Krisztus szenvedésének tanúja, és a megjelenendõ dicsõségnek részese; Legeltessétek az Istennek köztetek lévõ nyáját, gondot viselvén arra nem kényszerítésbõl, hanem örömest; sem nem rút nyerészkedésbõl, hanem jóindulattal; Sem nem úgy, hogy uralkodjatok a gyülekezeteken, hanem mint példányképei a nyájnak. És mikor megjelenik a fõpásztor, elnyeritek a dicsõségnek hervadatlan koronáját."*

Azért említi „a dicsőségnek hervadatlan koronáját," mivel a mennyországban minden korona örökké tart, és soha nem hervad el. Rá fogsz jönni, hogy a Mennyország tökéletes hely, ahol minden örök, és egyetlen korona sem hervad el.

2. Milyen emberek mennek a Második Királyságba?

Szöul környékén, mely a Koreai Köztársaság fővárosa, peremvárosi részek vannak, melyek körül kisvárosok épültek. A mennyországban is hasonlóképpen van: a Harmadik Királyság körül – melynek része Új Jeruzsálem is – ott van a Második Királyság, az Első Királyság, és a Paradicsom.

Az Első Királyság azok számára fenntartott hely, akiknek a hite a második szinten van, és megpróbálnak Isten szava szerint élni. Milyen emberek mennek a Második Királyságba? Akiknek a hite elérte a harmadik szintet és tudnak Isten szava szerint élni, ezek az emberek juthatnak ide. Nézzük meg részletesen, hogy milyen emberek mehetnek a Második Királyságba.

**A Második Királyság:
a hely, ahova azok jutnak, akik nem teljesen szentesültek**

A Második Királyságba akkor mehetsz, ha Isten szavának megfelelően élsz és megteszed a kötelességed, de a szíved még nem szentesült teljesen.

Ha jóképű, intelligens és bölcs vagy, természetesen azt akarod, hogy a gyermekeid rád hasonlítsanak. Hasonlóképpen Isten, aki szent és tökéletes, azt akarja, hogy az ő gyermekei rá hasonlítsanak. Olyan gyermekeket szeretne, akik szeretik Őt és megtartják a Tízparancsolatot (mivel szeretik Őt) és nem kötelességtudatuk miatt. Ha valakit tényleg szeretsz, még egy nagyon nehéz dolgot is meg fogsz tenni a kedvéért, és ugyanígy: ha Istent igazán szereted, bármelyik parancsolatát képes leszel megtartani, örömmel a szívedben.

Feltétel nélkül fogsz engedelmeskedni, örömmel és hálával, megtartva, amit Ő kér, hogy megtartsd, eldobva mindazt, amit Ő kér, hogy eldobj, nem megtéve azt, amit Ő megtilt neked, és megtéve mindent, amit Ő mond neked. Azonban akik a hit harmadik szintjén vannak, nem tudnak Isten szavának megfelelően cselekedni teljes örömmel és hálás szívvel, mivel nem érték el a szeretetnek ezt a fokát még.

A Bibliában léteznek a húsnak a dolgai (Pál levele a galatákhoz 5,19-21), a hús vágyai (Pál levele a rómaiakhoz 8,5). Amikor a szívedben lévő ördög szerint élsz, azt mondjuk, hogy a hús törvényét követed. A szívedben lévő bűnök, melyek még nem jelentek meg külsőleg: a hús vágyai.

Azok, akik a hit harmadik fokán vannak, a hús összes munkáját (törvényét) eldobták, amelyek kívülről láthatóak, de még mindig ott van a szívükben a hús vágyakozása. Megtartják azt, amit Isten megmond nekik, hogy tartsák be, eldobják azt, amit Isten kér tőlük, hogy eldobják, nem teszik azt, amit Isten megtilt nekik, és megteszik azt, amit kér tőlük. Azonban a gonoszság a szívükből nem teljesen tűnt még el.

Hasonlóképpen, ha a feladatodat nem teljesen szentesült szívvel végzed el, a Második Királyságba mehetsz. A „szentesülés" arra az állapotra vonatkozik, amikor minden gonoszt el kell dobnod, hogy csak jóság maradjon a szívedben.

Például mondjuk, hogy létezik egy olyan személy, akit gyűlölsz. Meghallgattad Isten szavát, aki ezt mondta: „Ne gyűlölj," és megpróbáltad nem gyűlöli ezt a személyt. Ennek eredményeképpen most nem utálod. Azonban, ha nem szereted igazán őt a szívedben, még nem szentesültél meg.

Ahhoz, hogy a harmadik szintről eljuthass a hit negyedik szintjére, nagyon fontos, hogy erőfeszítést tegyél azért, hogy a bűneidet eldobd magadtól, akár a véred árán is.

Azok, akik Isten kegyelméből beteljesítették a feladatukat

A Második Királyság az a hely, ahová azok jutnak, akik nem szentesültek teljesen a szívükben, de teljesítették az Isten-adta kötelességüket. Nézzük meg, milyen típusú emberek mennek a Második Királyságba egy olyan esetet megvizsgálva, amely egy Manmin Joong-ang templom egyik tagjának esete, aki akkor halt meg, amikor nálunk szolgált.

A férjével jött a Manmin Joong-ang templomba, abban az évben, amikor megalapítottuk. Egy komoly betegségtől szenvedett, de az imám meghallgatása után meggyógyult, aminek a hatására a családtagjai hívőkké váltak. Megérett a hitük, és vezető diakonissza lett belőle, a férje meg presbiteri címet kapott, valamint a gyermekeik az Urat szolgálják lelkészként, egy lelkész feleségeként és misszionáriusként.

Azonban nem dobta el a gonoszságot a szívéből és a feladatait sem teljesítette megfelelően, de megbánta a bűneit Isten előtt, a feladatait készségesen elvégezte, majd meghalt. Isten a tudtomra adta, hogy a Második Királyságba került, és megengedte nekem, hogy a lelkével kommunikáljak.

Amikor a mennyországba ment, azt sajnálta a legjobban, hogy nem dobta el a bűneit és nem szentesült teljesen, valamint azt, hogy szívből nem adott hálát az Úrnak és a lelkipásztorának, aki imádkozott érte, hogy meggyógyuljon, és szeretettel vezette őt.

Tekintve, hogy mit ért el a hitével, hogyan szolgálta az Urat, és az általa kiejtett szavakat, azt hitte, hogy az Első Királyságba fog csak jutni. Azonban, amikor már nem sok ideje maradt a földön, a lelkipásztora imái és az Istennek tetsző cselekedetei által a hite nagyon gyorsan fejlődött, és bejutott a Második Királyságba.

A halála előtt a hite nagyon gyorsan növekedett. Az imára koncentrált és több ezer templomi hírlevelet alkotott meg, melyeket a szomszédoknak terjesztett. Nem saját magát gondozta, hanem hűségesen az Urat szolgálta.

Mesélt nekem arról a mennyei házról, amelyben a halála után lakni fog. Azt mondta: bár egy egyemeletes ház, olyan szépen ki lesz díszítve virágokkal és fákkal, és olyan nagy és káprázatos lesz, hogy össze sem lehet hasonlítani semmilyen földi házzal.

A Harmadik Királyság vagy Új Jeruzsálem házaival összehasonlítva természetesen olyan, mint egy szalmafedelű ház, azonban ő olyan hálás és elégedett volt, mivel nem érdemelte meg, hogy az övé legyen. A következő üzenetet akarta átadni a családjának, hogy Új Jeruzsálembe juthassanak:

„A Mennyország olyan pontosan van elosztva. A dicsőség és a fény annyira más mindenik helyen, és ezért biztatom őket újra és újra, hogy menjenek Új Jeruzsálembe. El szeretném mondani a családtagjaimnak, akik még a földön élnek, mennyire szégyenteljes, ha nem válunk meg a bűneinktől, amikor az Atyával, az Úrral a mennyben találkozunk. A jutalmak és a házak nagysága, amit az Új Jeruzsálembe menők kapnak, mind irigylésre méltó, de azt szeretném, ha megértenék, mennyire szégyenteljes Isten előtt állva az, hogy nem váltunk meg a bűneinktől. Ezt az üzenetet szeretném átadni a családtagjaimnak, hogy eldobják a gonoszság minden fajtáját, és bemenjenek az Új Jeruzsálemben levő dicsőséges helyekre."

Mindezekért arra bátorítalak, hogy gondolkodj el azon, mennyire fontos a szívedben szentnek lenned és a mindennapi életedet Isten igazságának és királyságának szentelned, a mennyország reményével, hogy képes legyél erőteljesen haladni Új Jeruzsálem felé.

Nézzük meg egy másik egyháztag esetét, aki szerette az Urat és hűségesen elvégezte a feladatát, de nem mehetett a Harmadik Királyságba, mivel a szívében hiányosságok voltak.

A férje betegsége miatt jött a Manmin Joong-ang templomba, és nagyon aktív taggá vált. A férjét hordágyon hozták a templomba, de a fájdalma megszűnt és felállt, mert tudott járni. Képzeld el, milyen örömteli és hálás volt a hölgy! Mindig is hálás volt Istennek, aki meggyógyította a férje betegségét, és a szolgáló lelkésznek is, aki szeretettel imádkozott. Mindig hűséges volt. Isten királyságáért imádkozott, és hálával imádkozott a pásztorához is mindig, amikor járt, ült vagy állt, még akkor is, amikor főzött.

Mivel szerette a fiú- és lánytestvéreit a Krisztusban, másokat vigasztalt ahelyett, hogy magát vigasztalta volna, bátorította és gondoskodott a hívőkről. Csak Isten szava szerint akart élni és minden bűnétől meg akart szabadulni, akár a vére által is. Soha nem irigykedett vagy vágyott a földi javak után, csakis az evangélium prédikálására koncentrált a szomszédai részére.

Mivel ennyire hűséges volt Isten királyságához, látva őt, a szívemet a Szentlélek arra indította, hogy felkérjem a templomi szolgálatra. Hittem benne, hogy ha hűségesen teljesíti a feladatát, az egész családja, beleértve a férjét is, spirituális hitre tér majd.

Azonban nem engedelmeskedhetett, mivel az érzéki, húsbeli gondolatok felemésztették. Kicsivel később meghalt. A szívem összetört, és amikor Istenhez imádkoztam, hallottam a vallomását a spirituális kommunikációnkon keresztül.

„Még ha bűnhődöm is amiatt, mert nem engedelmeskedtem a lelkészemnek, az óra nem fordítható vissza. Isten királyságáért imádkozom, meg a pásztoromért, és egyre többet. Egy dolog, amit el kell mondanom a testvéreimnek az, hogy amit a pásztor kinyilatkoztat, az Isten akarata. A legnagyobb bűn Isten akaratának ellenállni, és ezzel egyidejűleg a düh a másik legnagyobb bűn. Ezért kell az embereknek nehézségekkel szembenézniük; engem megdicsértek, mert nem voltam dühös, hanem alázatos szívű, és arra törekedtem, hogy a teljes szívemmel engedelmeskedő legyek. Olyan személlyé váltam, aki megfújja az Úr trombitáját. Hamarosan eljön a nap, amikor kedves fivéreket és nővéreket kapok, akik – őszintén remélem – nyitott elméjűek lesznek és semmit sem hiányolnak majd, és ők is várják ezt a napot majd."

Ennél sokkal többet is vallott, és feltárta előttem azt is, hogy azért nem mehetett a Harmadik Királyságba, mert engedetlen volt.

„Amíg ebbe a királyságba jöttem, egy pár dologban engedetlen voltam. Néha ezt mondtam: „Nem, nem, nem," amikor a prédikációkat hallgattam. Nem teljesítettem megfelelően a feladatomat. Azt gondoltam, amikor a körülményeim jobbak lesznek, majd én is jobban teljesítek, és a húsbeli gondolataimra hagyatkoztam. Isten előtt ez nagy hiba volt."

Azt is bevallotta, hogy valahányszor látta a lelkészeket és azokat, akik az egyház anyagi hátterével foglalkoztak, irigyelte őket, mivel azt hitte, hogy az ő mennyei jutalmuk oly nagyszerű lesz. Azonban bevallotta, hogy amikor a mennyországba jutott, azt látta, hogy nem mindig történt így.

„Nem! Nem! Nem! Csak azok, akik Isten akarata szerint élnek, kapnak nagy jutalmakat és áldásokat. Ha a vezetők hibáznak, sokkal nagyobb hiba az, mintha egy mindennapi templomtag hibázna. Többet kell imádkozniuk. A vezetőknek hűségesebbeknek kell lenniük. Jobban kell tanítaniuk. Meg kell hogy legyen a képességük arra, hogy különbséget tudjanak tenni. Ezért írja a négy evangéliumok egyikében, hogy egy vak ember vezet egy másik világtalant. „Ne váljanak sokan közületek tanárokká" Ha valaki megteszi a tőle telhető legjobbat egy pozícióban, áldásban részesül. Az a nap, amikor egymással találkozunk Isten gyermekeiként az örök királyságban, hamar eljön. Ezért mindenkinek meg kell szabadulnia a hús dolgaitól, igazságossá kell válnia, és az Úr menyasszonyaként megfelelő képzettségre kell szert tennie, hogy ne kelljen szégyenkeznie, amikor az Úr színe elé kerül."

Rá kell jönnöd, mennyire fontos az engedelmesség – nem a kötelességtudat miatt, hanem az öröm miatt, amit a szíved mélyén érzel az Isten iránti szeretet miatt, és azért, hogy a szíved szentté váljon. Sőt, nemcsak templomba járóvá kell válnod, hanem fel kell mérned: ha Isten most hívná Magához a lelked, milyen mennyei királyságba kerülhetsz.

Meg kell próbálnod minden feladatodat hűséggel elvégezni, és Isten akaratának és szavának megfelelően élni, hogy teljesen szentesülhess, és minden képzettséged meglegyen ahhoz, hogy Új Jeruzsálembe kerülj.

Pál első levele a korinthusiakhoz 15,41 azt mondja neked, hogy minden egyes ember mennyei dicsősége más és más lesz a Mennyországban. Ezt tartalmazza: *„Más a napnak dicsősége és más a holdnak dicsősége és más a csillagok dicsősége; mert csillag a csillagtól különbözik dicsőségre nézve."*

Mindazok, akik megmenekülnek, örök életet fognak élvezni a mennyekben. Azonban néhányan a Paradicsomban maradnak, míg mások Új Jeruzsálemben, mindenki a hitének megfelelően. A dicsőségbeli különbség szavakban kifejezhetetlen.

Ennélfogva az Úr nevében imádkozom, hogy ne csak azért legyen hited, hogy megmenekülj, hanem azért, hogy teljesen Isten szavának megfelelően élj, mint az a földműves, aki minden tulajdonát eladta azért, hogy a kincset felássa, minden gonoszt eldobj magadtól annak érdekében, hogy Új Jeruzsálembe juthass, és abban a dicsőségben maradhass, amely úgy ragyog ott, mint a nap.

Kilencedik fejezet

A Mennyország Harmadik Királysága

1. Isten mindenik gyermekét angyalok szolgálják
2. Milyen emberek mennek a Harmadik Királyságba?

*Boldog ember az,
a ki a kísértésben kitart;
mert minekutána megpróbáltatott,
elveszi az életnek koronáját,
a mit az Úr ígért az őt szeretőknek.*

- Jakab levele 1,12 -

Isten a Szellem, és Ő a jóság, fény és a szeretet Maga. Ő azt akarja, hogy a gyermekei eldobják a bűnöket és a gonoszságot maguktól. Jézus, aki emberi lényként jött erre a világra, hibátlan, mivel Ő Isten Maga. Milyen embernek kell lenned ahhoz, hogy olyan menyasszonnyá válj, aki az Urat fogadja?

Ahhoz, hogy Isten igaz gyermekévé és az Úr menyasszonyává válj, aki Istennel örökre megosztja az igaz szeretetet, Isten igaz szívére kell hasonlítanod azzal, hogy az összes gonoszságot eldobod magadtól.

A Mennyország Harmadik Királysága, aki az ilyen gyermekek számára létezik, akik szentek és Isten szívére hasonlítanak, nagyon különbözik a Második Királyságtól. Mivel Isten annyira utálja a gonoszságot és annyira szereti a jóságot, azon a gyermekeit, akik szentesültek, különleges elbánásban részesíti. Milyen hely a Harmadik Királyság, és mennyire kell szeretned Istent ahhoz, hogy ide kerülhess?

1. Isten mindenik gyermekét angyalok szolgálják

A Harmadik Királyságbeli házak sokkal-összehasonlíthatatlanul – nagyszerűbbek és briliánsabbak, mint a Második Királyság egyszintes házai. Olyan sokféle ékszerrel vannak kidíszítve, és mindennel fel vannak szerelve, amit csak a tulajdonosuk óhajt.

A Harmadik Királyságtól kezdődően mindenkinek külön felszolgáló angyala van, akik szeretni és csodálni fogják a gazdájukat, akit a legjobb dolgokkal szolgálnak ki.

Angyalok szolgálókként

A zsidókhoz írt levél 1,14 versében ez áll: *"Avagy nem szolgáló lelkek-é mindazok, elküldve szolgálatra azokért, a kik örökölni fogják az idvességet?"* Az angyalok kizárólag spirituális lények. Alakra hasonlítanak az emberekre, mivel ők is Isten teremtményei, de nincs húsuk és csontjaik sem, és semmi közük nincs a házassághoz vagy a halálhoz. Nincs személyiségük, mint az emberi lényeknek, de a hatalmuk és tudásuk sokkal nagyobb, mint az embereké (Péter második levele 2,11).

Ahogy A zsidókhoz írt levél 12,22 verse ezer és ezer angyalról beszél, a Mennyekben valóban megszámlálhatatlanul sok angyal van. Isten kialakította az angyalok rangját és rendjét, különböző feladatokat adott nekik, és – ezeknek megfelelően – különböző tekintélyt adott nekik.

Az angyalok között különbségek vannak, úgy mint angyal, mennyei házigazda, és arkangyal. Például Gábriel, aki civil hivatalnokként szolgál, az Istennek szóló imáid válaszaként jelenik meg, vagy Isten tervei és jelenései révén (Dániel próféta könyve 9,21-23, Lukács evangéliuma 1,19; 1,26-27). Mihály arkangyal, aki olyan, mint egy katonatiszt, a mennyei hadsereg minisztere, aki ellenőrzi a harcot a gonosz szellemek ellen, és néha ő maga megtöri a sötétség harcvonalait (Dániel próféta könyve 10,13-14; 10,21, Júdás levele 1,9; A Jelenések könyve 12,7-8).

Ezek között az angyalok között léteznek olyanok, akik az urukat privát módon szolgálják ki. A Paradicsomban, az Első Királyságban és a Második Királyságban olyan angyalok vannak, akik néha segítik Isten gyermekeit, de nincs olyan angyal, aki ily módon kiszolgálja a gazdáját. Csak olyan angyalok vannak, akik gondozzák a füvet, vagy a virágutakat, vagy a közszolgálatokat, hogy biztos ne történjenek kellemetlenségek, és vannak olyan angyalok, akik Isten üzenetét tolmácsolják.

Azok számára, akik a Harmadik Királyságban vagy Új Jeruzsálemben vannak, magánangyalok járnak jutalmul, mivel szerették Istent, és nagyon a kedvében jártak. Attól függően, hogy ki, milyen mértékben hasonlít Istenre, és milyen mértékben tett a kedvére az engedelmességével, a jutalomként kapott angyalok száma különböző lesz.

Ha valakinek nagy háza van Új Jeruzsálemben, rengeteg angyal jár majd neki, mivel a tulajdonos nagyon hasonlít Isten szívéhez, és nagyon sok embert elvezetett a megdicsőüléshez. Lesznek olyan angyalok, akik a házra vigyáznak, mások a berendezéseket és a jutalmul kapott tárgyakat tartják fenn, míg más angyalok a gazdájukat mindenben kiszolgálják. Nagyon sok angyal lesz.

Ha a Harmadik Királyságba mész, nemcsak ilyen privát angyalaid lesznek, hanem olyanok, akik a házadra vigyáznak, és olyanok is, akik elkísérik és segítik a látogatókat. Nagyon hálás leszel Istennek, ha a Harmadik Királyságba mehetsz, mivel Isten megengedi neked, hogy örökre uralkodj, míg azok az angyalok szolgálnak ki, akiket Ő örök jutalmul ad neked.

Nagyszerű, többemeletes magánházak

A Harmadik Királyságban levő házakban a dekoráció gyönyörű virágokból és csodálatos aromájú fákból áll, valamint kertek és tavak is vannak bennük. A tavakban sok hal található, amelyekkel az emberek beszélgethetnek, és megoszthatják a szeretetüket velük. Az angyalok gyönyörű zenét játszanak, és az emberek dicsérhetik Isten Atyát velük együtt.

A Második Királyságba jutottakkal ellentétben, akiknek csak egy kedvenc tárgyuk vagy felszerelésük lehet, az emberek a Harmadik Királyságban bármit birtokolhatnak, amit akarnak, mint például egy golfpálya, egy úszómedence, egy tó, egy sétaösvény, egy bálterem, és a többi. Ezért nekik nem kell a szomszéd házába menniük, hogy valami olyant élvezzenek és használjanak, ami nekik nincs, és bármikor használhatnak bármit.

A Harmadik Királyság házai többemeletesek, nagyszerűek, és a méretük is nagy. Olyan szépen díszítettek, hogy a földön egyetlen milliárdos sem tudná utánozni őket.

Apropó, a Harmadik Királyság egyetlen házának ajtaján sincs tábla, mivel a kellemes illat, amely a ház lakójának tiszta, szép szívét kifejezi, kiárad a házból.

A házaknak a Harmadik Királyságban különböző illatuk és fényességük van. Minél jobban hasonlít a tulajdonos Isten szívére, annál szebb az illat és a fény a házban.

A Harmadik Királyságban kedvenc állatokat és madarakat adnak jutalmul, melyek sokkal szebbek, okosabbak, valamint szeretetreméltóak, mint az Első vagy Második Királyságbeliek. Továbbá: felhőautókat lehet használni publikusan, mindenki által, és az emberek annyit utazhatnak a végtelen mennyországban, amennyit akarnak.

Amint elmondtam, a Harmadik Királyságban az emberek bármit megkaphatnak és megtehetnek, amit akarnak. Az élet a Harmadik Királyságban minden képzeletet felülmúl.

Az élet koronája

A Jelenések könyvének 2,10 versében elhangzik egy ígéret „az élet koronájáról," amely azoknak adatik, akik akár a haláluk árán is hűségesek voltak Isten királyságához.

„Semmit ne félj azoktól, a miket szenvedned kell: Ímé a Sátán egynéhányat ti közületek a tömlöczbe fog vetni, hogy megpróbáltassatok; és lesz tíz napig való nyomorúságtok. Légy hív mind halálig, és néked adom az életnek koronáját."

A „légy hív mindhalálig" itt nemcsak arra a hitre utal, amellyel mártírokká válunk, hanem arra is, amellyel nem kötünk kompromisszumokat a világgal, és teljesen szentté válunk úgy, hogy eldobjuk az összes bűnünket, még ha vért is kell ontanunk ezért. Isten mindenkit megajándékoz az élet koronájával, aki bejut a Harmadik Királyságba, mivel hűségesek voltak a halálukig, és mindenfajta megpróbáltatást és nehézséget legyőztek (Jakab 1,12).

Amikor a Harmadik Királyságbeli emberek meglátogatják Új Jeruzsálemet, egy kerek jelet tesznek az élet koronájának jobb oldalára. Amikor az emberek a Paradicsomból, az Első Királyságból vagy a Második Királyságból meglátogatják Új Jeruzsálemet, egy jelet tesznek a mellkasuk bal oldalára. Láthatod ezáltal, hogy a Harmadik Királyságbeli emberek dicsősége más, mint a többieké.

Az Új Jeruzsálemben lakó emberek Isten különleges gondviselését élvezik, és így nincs szükségük semmilyen jelre, hogy magukat megkülönböztessék. Rendkívül különleges elbánásban részesülnek, mint Isten igaz gyermekei ők.

Házak Új Jeruzsálemben

A Harmadik Királyságbeli házak nagyban különböznek az Új Jeruzsálembeliektől az alakjukat, szépségüket és dicsőségüket tekintve.

Először is, ha azt mondjuk, hogy a legkisebb ház mérete Új Jeruzsálemben 100, akkor a Harmadik Királyságbelié 60. Például, ha a legkisebb ház területe Új Jeruzsálemben 100.000 négyzetláb, akkor a Harmadik Királyságban ez 60.000 négyzetláb lenne.

A magánházak mérete változik, attól függően, hogy a tulajdonosuk mennyit dolgozott annak érdekében, hogy minél több embert megszabadítson, és hogy Isten templomát megépítse. Máté evangéliumának 5,5 versében írva van: „Boldogok a szelídek: mert ők örökségül bírják a földet" – ahány embert a ház tulajdonosa jámbor szívvel elvezet a mennybe, annak megfelelően állapítják meg a mennyei házának a méretét, amelyben élni fog.

Sok olyan ház létezik a Harmadik Királyságban és Új Jeruzsálemben, amelynek több ezer négyzetláb a területe, de a legnagyobb ház is sokkal kisebb itt, mint Új Jeruzsálemben. A méreten és alakon kívül, a szépségük és a díszítésükhöz használt ékszerek is nagyon különbözőek.

Új Jeruzsálemben tizenkét ékszer van az alapon, de ezeken kívül további számos más ékszer is. Elképzelhetetlenül nagy ékszerek vannak, gyönyörű színekben. A sokféle ékszert meg sem tudod nevezni, és közülük néhány duplán vagy akár háromszorosan keresztezett fényeket bocsát ki magából.

Természetesen a Harmadik Királyságban rengeteg ékszer van. Azonban a változatosságuk ellenére ezek az ékszerek össze sem hasonlíthatók az Új Jeruzsálembeliekkel. A Harmadik Királyságban nincs olyan ékszer, amely dupla vagy tripla fényeket árasztana magából. A Harmadik Királyságbeli fények sokkal szebbek, mint az Első vagy a Második Királyságbeliek, de egyszerű, alapékszerek ezek, és még az azonos fajtájú ékszerek is kevésbé szépek, mint Új Jeruzsálemben.

Ezért van az, hogy azok az emberek, akik a Harmadik Királyságban laknak – Új Jeruzsálemen kívül, amely tele van Isten dicsőségével – Új Jeruzsálemet nézik, és arra vágynak, hogy ott legyenek.

„Bárcsak jobban igyekeztem volna
És hűségesebb lettem volna Isten minden házában..."
„Bárcsak az Úr hívna a nevemen..."
„Bárcsak még egyszer meghívnának..."

Elképzelhetetlenül sok boldogság és szépség létezik a Harmadik Királyságban, de nem hasonlítható össze Új Jeruzsálemmel.

2. Milyen emberek mennek a Harmadik Királyságba?

Amikor kinyitod a szíved és elfogadod Jézus Krisztust mint a te személyes Megmentődet, a Szentlélek megtanítja neked, mi a bűn, az igazságosság, az ítélet, és rávezet az igazságra. Amikor Isten szavának engedelmeskedsz, minden gonoszságtól szabadulj meg és válj szentté, mert ekkor fog a lelked boldogulni: a hit negyedik szintjén.

Azok, akik elérik a hit negyedik szintjét, nagyon szeretik Istent, és Isten is őket, valamint bemehetnek a Harmadik királyságba. Milyen pontosan az az ember, akinek megvan a hite ahhoz, hogy bemenjen a Harmadik Királyságba?

Szentesülés azáltal, hogy minden gonoszt eldobunk magunktól

Az Ótestamentum idejében az emberek nem kapták meg a Szentlelket. Ezért a saját erejükből nem tudták a lelkük mélyén levő bűnöket eldobni maguktól, és ez volt az oka annak, hogy fizikai körülmetélést végeztek magukon. Hacsak nem jelent meg a gonoszság a cselekedeteikben, nem tekintették bűnnek. Még ha valakinek eszébe is jutott, hogy valakit megöljön, nem tekintették bűnnek egészen addig, amíg a gondolatot nem követte cselekedet. Csak amikor beteljesedett a gondolat, akkor tekintették bűnnek.

Azonban az Újtestamentum idején, ha elfogadod Jézus Krisztust, a Szentlélek a szívedben lakozik. Hacsak nem szentesül a szíved, nem mehetsz a Harmadik Királyságba. A Szentlélek segítségével körül tudod metélni a szívedet.

Csakis akkor mehetsz a Harmadik Királyságba, amikor az összes gonoszságot – mint a gyűlölet, házasságtörés, kapzsiság és más hasonlók – kidobod a szívedből, majd megszentelté válsz. Kiről mondható, hogy a szíve szentesített? Arról, akinek spirituális hite van, olyan, amiről Pál első levele a korinthusiakhoz szól, a 13. versben, a Szentlélek kilenc gyümölcse Pál levelében, melyet a galatákhoz írt, valamint Máté evangéliumában az ajándékok, és az, aki az Úr teljességére hasonlít.

Természetesen ez nem jelenti azt, hogy ez a személy ugyanazon a szinten van, mint az Úr. Függetlenül attól, hogy egy emberei lény milyen mértékben dobja el a bűneit és szentesül meg, az ő szintje nagyon különbözik az Úrétól, aki a fény forrása.

Ezért annak érdekében, hogy a szíved szentesüljön, először jó talajt kell előkészítened a szívedben. Nem szabad elkövetned azt, amit a Biblia mond, hogy ne kövesd el, és el kell távolítanod magadtól azt, amit a Biblia tanácsol, hogy dobd el magadtól. Csak ekkor teremhetsz jó gyümölcsöket, miután a magokat elvetetted. Ahogy egy földműves elveti a magokat, miután a földet kitisztította, a tebenned elvetett magok is kikelnek, kivirágoznak, majd gyümölcsöt hoznak, miután megteszed azt, amit Isten kér, hogy megtegyél, és megtartod azt, amit Ő kér, hogy megtartsál.

Mindezekért: a megszentesülés egy olyan állapotra utal, amikor valaki megtisztul az eredeti és önmaga által elkövetett bűnöktől a Szentlélek segítségével és munkálkodása által, miután újjászületik a víz és a Szentlélek által, a Jézus Krisztus megváltó erejébe vetett hite által. A bűneid megbocsátása a Jézus Krisztus vérébe vetett hit által mást jelent, mint a benned lévő bűnök természetének eldobása a Szentlélek segítségével és a buzgó ima által, melyet böjttel tűzdelsz.

Az, hogy elfogadod Jézus Krisztust és Isten gyermekévé válsz, nem azt jelenti, hogy az összes bűnt eldobtad a szívedből, teljesen. Még mindig lesz benned gonoszság, mint a gyűlölet, büszkeség, és más hasonlóak, és ezért van az, hogy a folyamat, amely által megtalálod a gonoszt magadban az Isten szavának meghallgatása által, és az ellene való küzdelem, akár a véred által is, annyira fontos (A zsidókhoz írt levél 12,4).

Ily módon tudod eldobni a hús munkálkodását magadtól, és haladni a megszentesülés felé. Az az állapot, amikor már kidobtad a szívedből a hús munkálkodását, ráadásul a hús kívánságait is, a hit negyedik szintjének felel meg, ami a megszentesülés szintje.

Csak azután szentesül, miután a bűnöket kidobja a természetéből

Mik a bűnök az ember természetében? Az összes bűn, amelyet valakinek a szülei az élet magja által átadtak Ádám engedetlensége óta. Egy egyéves gyerek is lehet gonosz. Bár az anyja soha nem tanított neki semmi gonoszságot, mint a gyűlölködés vagy féltékenység, a gyerek dühös lenne, és gonoszul viselkedne, ha az anya a szomszéd gyerekét megszoptatná, és még meg is próbálná a szomszéd gyereket félretaszítani, közben dühösen sírna, ha a gyerek nem menne el az anyjától.

Az ok, amiért egy gyerek gonosz lehet, bár nem tanították rá az, hogy a bűn ott van a természetében. A saját magunk által elkövetett bűnök azok, amelyek a fizikai tetteinkben megnyilvánulnak, amikor a szív bűnös vágyait követjük.

Ha megszentesülsz az eredeti bűn alól, egyértelmű, hogy a saját bűneidet eldobod, mivel a bűn gyökerét is eldobod ezáltal. Ezért: a spirituális újjászületés a megszentesülés kezdete, míg a megszentesülés az újjászületés tökéletesítése. Ha újjászületsz, remélem, hogy sikeres keresztény életet élsz majd, hogy megvalósítsd a megszentesülésed.

Ha valóban szentesülni akarsz és Isten elveszett képét vissza akarod szerezni, ha mindent megteszel ezért, képes leszel a természetedben jelen lévő bűnöket kiküszöbölni – Isten kegyelme és ereje által – és a Szentlélek segítségével. Remélem hasonlítani fogsz Isten szent szívére, mivel Ő erre biztat: *„Mert meg van írva: Szentek legyetek, mert én szent vagyok"* (Péter első levele 1,16).

Megszentesült, de nem volt hűséges Isten minden házában

Isten megengedte a számomra, hogy egy olyan személlyel folytassak spirituális kommunikációt, aki már meghalt, és mindent megtett azért, hogy bemehessen a Harmadik Királyságba. A házának a kapuja ívelt gyöngyökkel van kidíszítve azért, mert rengeteget imádkozott könnyei közt a gyászban, kitartással végig, amíg ezen a földön volt. Nagyon hűséges hívő volt, aki Isten királyságáért és igazságáért imádkozott, valamint a templomáért, egyházáért, a lelkészeiért, valamint az egyháztagokért, sok kitartással és könnyel.

Mielőtt találkozott volna az Úrral, olyan szegény és szerencsétlen volt, hogy még egy darab aranya sem volt. Miután az Urat elfogadta, szaladt a megszentesülés felé, mivel képes volt az igazságnak engedelmeskedni, mivel – miután meghallgatta Isten szavát – rájött az igazságra.

Jól el tudta végezni a feladatát, mivel sok tanítást kapott egy olyan lelkésztől, akit Isten nagyon szeret, és aki jól szolgálta Őt.

Ezért tudott egy fényesebb és dicsőségesebb helyre menni a Harmadik Királyságban.

Továbbá egy hatalmas, Új Jeruzsálemből származó, nagyon fényes ékszer is lesz a háza kapujára helyezve. Ezt attól a lelkésztől kapja, akit ezen a földön szolgált. A lelkész a nappalijában lévő ékszerek közül veszi ezt, és majd amikor meglátogatja a hölgyet, a kapujára helyezi azt. Ez az ékszer annak a jele lesz, hogy a lelkész hiányolni fogja őt, és annak a jele is, hogy bár nem tudott Új Jeruzsálembe menni, nagyon hasznos volt a szolgálata ennek a lelkésznek. Nagyon sokan a Harmadik Királyságból irigyelni fogják ezt az ékszert.

Azonban a hölgy még így is sajnálni fogja, hogy nem mehetett Új Jeruzsálembe. Ha lett volna elég hite, hogy oda menjen, az Úrral lett volna, a lelkésszel, akit szolgált, valamint más egyháztagokkal is. Ha ezen a földön nagyobb hite lett volna, bejuthatott volna Új Jeruzsálembe, azonban az engedetlensége miatt elszalasztotta az alkalmat, amikor azt felajánlották neki.

Ennek ellenére ő nagyon hálás és meghatott, hogy mekkora dicsőséget kapott a Harmadik Királyságban, és a következőket vallja. Csakis hálás lehet, hiszen a drága dolgokat jutalmul kapta, és ezek közül egyiket sem nyerhette volna el a saját – egyedüli – érdeme által.

„Bár nem mehettem Új Jeruzsálembe, amely tele van az Atya dicsőségével, mivel nem voltam mindenben tökéletes, saját házam lehet ebben a gyönyörű Harmadik Királyságban. Olyan nagy, és olyan szép. Nem nagyon nagy, ha az Új Jeruzsálembeli házakkal hasonlítjuk össze, mégis, oly sok fantasztikus és elragadó dolgot kaptam, amelyeket a világ még csak el sem tud képzelni.

Semmit sem tettem. Semmit sem adtam. Semmi valóban hasznosat nem tettem. És semmi örömtelit nem tettem az Úrnak sem. Mégis, a dicsőség, amit itt kapok oly nagy, hogy csak hálás lehetek, ha sajnálkozom is. Hálát adok Istennek, hogy megengedte, hogy a Harmadik Királyság egy dicsőségesebb helyére jöhessek."

A mártírhittel rendelkező emberek

Ahhoz hasonlóan, aki nagyon szereti Istent és megszentesül a szívében, te is bejuthatsz a Harmadik Királyságba, ha mártírhittel rendelkezel, amellyel bármit fel tudsz áldozni, még az életedet is, az Úrért.

A korai keresztény templomok tagjai, akik egészen addig megtartották a hitüket, ameddig lefejezték őket, megették őket az oroszlánok, vagy elégtek, a mártírság jutalmát kapják a mennyországban. Nem könnyű mártírrá válni ilyen szigorú üldöztetések és fenyegetések közepette.

Körülötted számos olyan ember van, akik nem tartják meg az Úr napját szentnek, vagy elhanyagolják az Úr-adta feladataikat azért, mert nagyon vágynak a pénzre. Az ilyen emberek, akik egy ilyen kis dolognak sem engedelmeskednek, soha nem őrizhetik meg a hitüket egy életüket fenyegető helyzetben, és még kevésbé válhatnak mártírrá.

Milyen embereknek van mártírhite? Azoknak, akiknek a szíve olyan becsületes és állhatatos, mint a Dánielé az Ótestamentumból. Azok, akiknek a szíve kétszínű és a saját javukat keresik, a világgal kompromisszumot kötve, nagyon kevés eséllyel válnak mártírrá.

Azok, akik valóban mártírrá válhatnak, állhatatos szívvel kell hogy bírjanak, mint Dániel. Ő megtartotta a hit igazságát még akkor is, amikor tudta, hogy az oroszlánok barlangjába kerül. A legvégső pillanatig, amikor valóban be is dobták őt oda a gonosz emberek trükkje által, megtartotta a hitét. Mivel a szíve tiszta volt, soha nem hagyta el az igazságát.

Hasonló a helyzet Istvánnal, az Újtestamentumból. Halálra kövezték, mialatt az Úr evangéliumát prédikálta. István is megszentesült ember volt, aki még azokért is tudott imádkozni, akik megkövezték őt, az ártatlansága ellenére. Mennyire szereti őt az Úr? Örökre az Úrral fog sétálni a mennyben, és a szépsége és dicsősége nagyszerű lesz. Ezért kell rájönnöd neked is: a legfontosabb dolog az, hogy a szív igazságát és megszentesülését elérd.

Nagyon kevesen vannak manapság, akiknek a hite igaz hit. Még Jézus is ezt kérdezte: *"Mindazáltal az embernek Fia mikor eljő, avagy talál-é hitet e földön?"* (Lukács evangéliuma 18,8) Milyen drága leszel Isten szemében, ha megszentesült gyermekké válsz azzal, hogy minden gonoszságot eldobsz magadtól ezen a világon, amely oly tele van bűnnel!

Ezért, az Úr nevében imádkozom, hogy buzgón imádkozz te is azért, hogy a szíved szentesüljön, várakozva a dicsőségre és jutalmakra, amelyeket Isten, az Atya ad majd neked a mennyországban.

Tizedik fejezet

Új Jeruzsálem

1. Az emberek Új Jeruzsálemben Istent szemtől szemben látják
2. Milyen emberek mennek Új Jeruzsálembe?

> *És én János látám a szent várost,*
> *az új Jeruzsálemet,*
> *a mely az Istentől szálla alá a mennyből,*
> *elkészítve,*
> *mint egy férje számára*
> *felékesített menyasszony.*
> - A Jelenések könyve 21,2 -

Új Jeruzsálemben, amely a legszebb hely a mennyországban, és telve van Isten dicsőségével, található Isten Trónja, az Úr és a Szentlélek kastélyai, valamint azoknak az embereknek a házai, akik nagyon kedvére tettek Istennek a hitükkel, mely a legmagasabb szintű.

A házakat Új Jeruzsálemben úgy készítik elő, hogy a leendő gazdáiknak is nagyon tetsszenek. Ahhoz, hogy bemehess Új Jeruzsálembe, mely oly tiszta, mint a kristály, és Istennel igaz szeretetet oszthass meg, nemcsak Isten szent szívére kell hasonlítanod, hanem teljesen el kell végezned a feladatodat, ahogy Jézus Krisztus is tette.

Milyen hely Új Jeruzsálem, és milyen emberek mennek ide?

1. Az emberek Új Jeruzsálemben Istent szemtől szemben látják

Új Jeruzsálemet a mennyei Szent Városnak is hívják, és annyira szép, mint egy menyasszony, aki felékesítette magát a férje számára. Az emberek itt abban a privilégiumban részesülnek, hogy Istent szemtől szemben láthatják, mivel a Trónusa itt található.

A „dicsőség városának" is hívják, mivel örök dicsőséget kap az, aki ide bejut. A falak jáspisból készülnek, a város színaranyból, amely oly tiszta, mint az üveg. Mind a négy oldalon – észak, kelt, dél és nyugat – három kapuja van, amelyeket egy-egy angyal őriz. A város tizenkét alapját tizenkét féle ékszerből készítették.

Tizenkét gyöngykapu Új Jeruzsálemben

Miért készül a tizenkét kapu Új Jeruzsálemben gyöngyből? Egy kagyló hosszú ideig gyűjtögeti a nedveit, hogy egy gyöngyöt létrehozzon. Hasonlóképpen neked is el kell dobnod a bűneidet, harcolnod kell ellenük akár addig, amíg a véred kifolyik, és a halálodig hűségesnek kell lenned Istenhez, kitartással és önfegyelemmel. Isten azért készítette a gyöngykapukat, hogy legyőzd a nehézségeket örömmel, és megvalósíthasd az Isten-adta feladataidat, még akkor is, ha a keskeny úton kell járnod.

Amikor egy személy bemegy Új Jeruzsálembe és átmegy a gyöngykapun, öröm- és elragadtatáskönnyeket ejt. Kifejezhetetlenül hálás és Istent dicsőíti, aki elvezette őt Új Jeruzsálembe.

Miért alkotta meg Isten a tizenkét alapot, tizenkét különböző ékszerből? Azért, mert az ékszerek különleges elegye az Úr, az Atya szívét jelképezi.

Ezért, tudatában kell lenned mindenik ékszer spirituális jelentésének a szívedben, hogy Új Jeruzsálembe mehess. Ezeket a jelentéseket részletesen leírom a *Mennyország II: tele Isten dicsőségével* című könyvben.

Az Új Jeruzsálembeli házak tökéletes egységben vannak, teljesen változatosak

Méretüket és nagyszerűségüket tekintve az Új Jeruzsálembeli házak olyanok, mint a kastélyok. Mindenik egyedi, a tulajdonosa ízlésének megfelelően, és tökéletes egységben van, valamint nagyon változatos is. A különböző színek és fények, amelyek az ékszerekből áradnak úgy hatnak rád, hogy a szépséget és dicsőséget kifejezhetetlen módon érezheted.

Az emberek felismerik, hogy kié a ház csupán azáltal, hogy rápillantanak. Megértik, mennyire tett a tulajdonosuk Isten kedvére, amikor a földön volt, mert az ékszerek és a dicsőség fénye, amely a házat díszíti, elárulja ezt.

Például egy olyan személy háza, aki ezen a földön mártír volt, díszítéseket és feljegyzéseket fog tartalmazni a tulajdonosa szívéről és megvalósításairól, egészen addig, amíg elérte a mártírságot. A feljegyzést egy aranytáblára vésik, mely szépen ragyog. Ezt olvashatod rajta: „E ház tulajdonosa mártír lett és beteljesítette az Atya akaratát __ évben, __ hónapban, __ napon."

Még a kapuból is, az emberek láthatják a ragyogó fényt, amelyet ez az aranytábla – amely tartalmazza a tulajdonosa megvalósításait – áraszt, és mindenki, aki látja, meghajol előtte. A mártírság nagyszerű dicsőség és jutalom, és Isten számára öröm és büszkeség.

Mivel nincs gonoszság a mennyországban, az emberek automatikusan lehajtják a fejüket, attól függően, hogy valakit milyen mértékben szeret Isten, és milyen rangot adott neki. Az emberek egy köszönő vagy érdemeket elismerő táblát mutatnak be, hogy a nagy megvalósításokat megünnepeljék, és ugyanígy: Isten is mindenkinek egy emléktáblácskát ad, annak megünneplésére, hogy Őt dicsőítették. Látni fogod, hogy az illatok és a fények attól függően változnak majd, hogy milyen emléktábláról van szó.

Sőt, Isten egy olyan dolgot is helyez a házakba, amelynek segítségével az emberek emlékezhetnek a földi életükre.

Természetesen még a mennyországban is nézhetsz földi eseményeket a televízióhoz hasonlító szerkezeten.

Az aranykorona, vagy az igazságosság koronája

Ha bemész Új Jeruzsálembe, megkapod a személyes házadat és az aranykoronát; az igazság koronáját a cselekedeteid szerint kapod. Ez a legszebb és legdicsőségesebb korona a mennyországban. Isten Maga ajándékozza az aranykoronákat azoknak, akik Új Jeruzsálembe jutnak, és Isten Tónusa körül van huszonnégy vén, aranykoronával a fejükön.

„És a királyiszék körül huszonnégy királyiszék [vala;] és a királyiszékekben látám ülni a huszonnégy Vénet fehér ruhákba öltözve: és a fejökön arany koronák valának" (A Jelenések könyve 4,4).

A „vének" nem a földi templomokban adott címre utal, hanem azokra, akik Isten szemében igazak, és Isten elismeri őket. Megszentesültek, és megvalósították a szívükben a szentélyt, valamint a látható szentélyt is megépítették. „A szívbeli szentély megvalósítása" arra utal, hogy spirituális emberré váltak, mert minden gonosztól megszabadultak. A látható szentély megvalósítása azt jelenti, hogy teljesen elvégezték a földi feladataikat.

A „huszonnégyes" szám mindazokra utal, akik bementek a megváltás kapuján hittel, mint Izrael tizenkét törzse, és megszentesültek, mint Jézus, az Úr tizenkét tanítványa. Ezért a „huszonnégy Vén" Isten azon gyermekeire utal, akiket Isten elismer, és Isten minden házában hűségesek.

Azok, akiknek olyan hitük van, mint az arany, amely soha nem változik meg, aranykoronát kapnak, és azok, akik vágynak az Úr megjelenésére, mint Pál apostol tette, megkapják az igazság koronáját.

> *„Ama nemes harczot megharczoltam, futásomat elvégeztem, a hitet megtartottam: Végezetre eltétetett nékem az igazság koronája, melyet megád nékem az Úr ama napon, az igaz Bíró; nemcsak nékem pedig, hanem mindazoknak is, a kik vágyva várják az ő megjelenését"* (Pál második levele Timóteushoz 4,7-8).

Azok, akik vágynak az Úr megjelenésére, természetesen a fényben és az igazságban fognak élni, és jól elkészített edényekké, valamint az Úr menyasszonyává válnak. Ezért, meg fogják kapni a koronájukat.

Pál apostolt nem nyomasztották az üldöztetések és a nehézségek, hanem megpróbálta Isten királyságát kiterjeszteni és megvalósítani az Ő igazságát, mindenben amit tett. Nagyban feltárta Isten dicsőségét, bárhová is ment, a munkájával és a kitartásával. Ezért Isten előkészítette az igazság koronáját Pál apostolnak. Mindenkinek oda fogja adni, aki vágyik az Úr megjelenésére, mint Pál apostol.

A szívük minden kívánsága beteljesül

Mindent, amire ezen a földön gondoltál, mindent, amiről lemondtál az Úr kedvéért ezen a földön, Isten visszaad neked, szépséges jutalmak képében, Új Jeruzsálemben.

A házak Új Jeruzsálemben mindennel fel vannak szerelve, amit csak akarsz, hogy mindent megtehess, amit csak akartál. Néhány házban tavak vannak, hogy a tulajdonosok csónakázhassanak, másokban erdő van, mely sétára alkalmas. Az emberek beszélhetnek a szeretteikkel egy kávézóasztal mellett, egy gyönyörű kert sarkában. Házak mellett a mezők fűvel és virággal borítottak, hogy az emberek sétálhassanak, és hálaénekeket énekelhessenek, változatos madarakkal és gyönyörű állatokkal.

Isten a mennyben mindent kialakított, amit a földi életben szerettél volna magadnak, úgy, hogy egyetlen tárgyról sem feledkezett meg. Mennyire meg fogsz hatódni, amikor meglátod ezeket a dolgokat, amelyeket Isten oly nagy körültekintéssel előkészített neked!

Már csak az is, hogy bemehetsz Új Jeruzsálembe, egy nagy örömforrás. Változatlan boldogságban fogsz élni, dicsőségben és szépségben, örökre. Örömmel és lelkesedéssel leszel tele, amikor a földre nézel, amikor az égre nézel, vagy bárhová máshová nézel.

Az emberek békések, kényelemben és biztonságban vannak, mert Új Jeruzsálembe érkeztek, mivel ezt a helyet Isten az Ő gyermekeinek készítette elő, kiket igazán szeret, és e hely minden szöglete tele van az Ő szeretetével.

Bármi, amit teszel – sétálsz, pihensz, játszol, eszel vagy emberekkel beszélgetsz – tele lesz boldogsággal és örömmel. A fák, virágok, a fű, még az állatok is, mind szeretetreméltóak, és érezni fogod a dicsőséget, mely nagyszerűen árad a kastély falaiból, a díszítésekből, valamint a házak kellékeiből is.

Új Jeruzsálemben Isten, az Atya szeretete olyan, mint egy

forrás, és te örök boldogsággal, örömmel és hálával leszel tele.

Szemtől szembe találkozás Istennel

Új Jeruzsálemben, ahol a dicsőség, szépség és boldogság a legmagasabb szintű, szemtől szembe találkozhatsz Istennel, és sétálhatsz vele, valamint a szeretteiddel élhetsz örökre.

Nemcsak az angyalok és a mennyei házigazdák csodálnak majd téged, hanem az összes ember a mennyben. Továbbá, a személyes angyalaid úgy szolgálnak majd, mint egy királyt, az összes kívánságodat és szükségletedet teljesíteni fogják, tökéletesen. Ha az égen akarsz repülni, a személyes felhőautód megérkezik, és megáll a lábad előtt. Amint beleülsz, olyan sokat mehetsz vele az égen, amennyit csak akarsz, vagy a földön is vezetheted azt.

Ha bemész Új Jeruzsálembe, szemtől szembe láthatod Istent, örökre együtt lehetsz a szeretteiddel, és az összes vágyad azonnal teljesül. Bármit megkaphatsz, amit csak akarsz, és úgy bánnak majd veled, mint egy herceggel vagy hercegnővel egy tündérmeséből.

Új Jeruzsálembeli banketteken való részvétel

Új Jeruzsálemben állandóan fogadások vannak. Néha az Atya a vendéglátó, míg máskor az Úr vagy a Szentlélek. Ezeken a díszebédeken és – vacsorákon keresztül meggyőződhetsz, hogy mily nagy öröm van ezen a helyen. Érezheted a bőséget, szabadságot, szépséget és örömöt, egyetlen pillantás által.

Amikor az Atya által tartott vendégségen veszel részt, a

legjobb ruhádat és díszeidet fogod magadra ölteni, és a legjobb ételt és italt fogod fogyasztani. Elragadó, szép zenét élvezhetsz, valamint táncokat és hálaadásokat is. Láthatod, amint az angyalok táncolnak, és néha magad is táncolhatsz, hogy Isten kedvére legyél.

Az angyalok szebbek és tökéletesebbek a technikában, azonban Istennek jobban kedvére vannak a Gyermekei, valamint az ő illatuk, mert ők ismerik az Ő szívét, és a szívükből szeretik Őt.

Azok, akik szolgálatot teljesítettek az istentiszteletek alatt a földön, ezeken a banketteken is szolgálni fognak, hogy boldogabbá tegyék az eseményt, és azok, akik énekkel, tánccal és játékkal dicsőítették Istent, ugyanezt fogják tenni a mennyei banketteken is.

Egy puha, bolyhos ruhát fogsz ölteni, rajta mintákkal, egy csodálatos koronát, valamint ékszereket díszítéssel, briliáns fényekkel. Egy felhőautón vagy aranykocsiban fogsz utazni, amelyet angyalok követnek, akik a bankettre menők kísérői. Nem dobog a szíved hangosabban az örömtől és a várakozástól, csak ha elképzeled mindezt?

Cirkálóhajó-fesztivál az Üvegtengeren

A mennyei gyönyörű tengerben folyik egy tisztavizű alakzat, amely olyan, mint egy kristály, minden folt és hiba nélküli. A kék tenger vize a szellőtől gyöngéden hullámzik, és fényesen ragyog. Sokféle hal úszik a vízben, mely átlátszó, és amikor az emberek megközelítik, úgy köszöntik őket, hogy az uszonyaikat megmozdítják: így vallják be a szeretetüket.

Sokszínű korallok alkotnak csoportokat, és hintáznak. Amikor megmozdulnak, a gyönyörű színük fényét kibocsátják magukból. Milyen csodálatos ez a látvány! Számos kis sziget van a tengerben, és mind csodálatosan néznek ki. Olyan cirkálók, mint a „Titanic" hajóznak körbe, és a fedélzetükön bankettek vannak.

Ezek a hajók mindenféle berendezéssel el vannak látva, beleértve a kényelmes lakóhelyeket, tekepályákat, úszómedencéket és báltermeket, hogy az emberek bármit élvezhessenek, amit csak akarnak.

Csak elképzelni is ezeket a fesztiválokat a hajókon, amelyek nagyobbak és szebben díszítettek, mint bármely földi luxushajó, az Úrral és az összes szeretteinkkel, mekkora nagy öröm lesz ez!

2. Milyen emberek mennek Új Jeruzsálembe?

Azok, akiknek olyan a hite, mint az arany, akik vágynak az Úr megjelenésére, és akik elkészítik magukat, mint az Úr menyasszonyai, mind bemehetnek Új Jeruzsálembe. Milyen embernek kell lenned annak érdekében, hogy Új Jeruzsálembe mehess, mely oly tiszta és gyönyörű, mint a kristály, és tele van Isten kegyelmével?

Az Istennek tetsző hittel bíró emberek

Új Jeruzsálem azoknak a helye, akiknek a hite az ötödik szinten áll: nemcsak teljesen megszentesültek a szívükben, hanem Isten minden házában hűségesek voltak.

Az Istennek tetsző hit az, amellyel Isten teljesen elégedett, s így Ő még az előtt akarja teljesíteni a kívánságaikat, mielőtt kimondják azokat.

Hogyan tehetsz Isten kedvére? Mondok egy példát. Tegyük fel, hogy egy apa hazajön a munkájából, és elmondja a két fiának, hogy szomjas. A nagyobbik fiú, aki tudja, hogy az apja a szénsavas üdítőt szereti, hoz neki egy pohár Colát vagy Sprite-ot. Az apját meg is masszírozza, pedig az nem is kérte ezt.

A második fiú ezzel ellentétben csak egy pohár üdítőt ad az apjának, azzal bemegy a szobájába. Melyik fiú jár jobban az apa kedvében, megértve a fiú szívét?

Az apa valószínűleg jobban örül annak a fiának, aki megmasszírozta őt, bár nem is kérte ezt tőle. Hasonlóképpen: a különbség azok közt, akik a Harmadik Királyságba és Új Jeruzsálembe mennek az, hogy különböző mértékben tettek Isten Atya kedvére, és voltak hűségesek az Atya akaratának megfelelően.

A teljes lelkű emberek, az Úr szívével

Azoknak, akiknek a hite Isten kedvére való, a szívüket csak az igazsággal töltik meg, és Isten minden házában hűségesek. Isten minden házában hűségesnek lenni azt jelenti, hogy az egyén többet teljesít, mint a feladata, a Krisztusba Magába – aki Isten akaratát a haláláig teljesítette – vetett hite segítségével, anélkül, hogy a saját életével törődne.

Azok, akik Isten minden házában hűségesek, nem a saját elméjük és gondolataik által teljesítik a feladatukat, hanem kizárólag az Úr szíve által, amely a spirituális szív. Pál körülírja az

Úr Jézus szívét a filippiekhez írt levelének 2,6-8 versében:

"A ki, mikor Istennek formájában vala, nem tekintette zsákmánynak azt, hogy [ő] az Istennel egyenlő, Hanem önmagát megüresíté, szolgai formát vévén föl, emberekhez hasonlóvá lévén; És mikor olyan állapotban találtatott mint ember, megalázta magát, engedelmes lévén halálig, még pedig a keresztfának haláláig."

Hálából Isten felemelte Őt, a legmagasabb nevet adta neki, és Isten Trónusának jobb oldala mellé ültette dicsőséggel, és a „királyok királya" és az „urak ura" tekintélyét adta neki.

Ahogy Jézus tette, neked is feltétel nélkül kell engedelmeskedned Isten akaratának, hogy olyan hited legyen, amellyel bejutsz Új Jeruzsálembe. Az, aki bemehet Új Jeruzsálembe, képes kell hogy legyen arra, hogy Isten szívének mélységeit megértse. Ez a személy Istennek kedvére való, mivel a halál pillanatáig hűséges abban, hogy Isten akaratát követi.

Isten addig tanítja a gyermekeket, amíg a hitük olyan lesz, mint az arany, hogy bemehessenek Új Jeruzsálembe. Egy bányász sokáig mossa és szűri a földet, amíg aranyat talál, Isten is rajta tartja a szemét a Gyermekein, amikor gyönyörű lelkekké válnak és lemossák a bűneiket az Ő szavával. Amikor olyanokat talál, akik hite olyan, mint az arany, örül, mert a fájdalma, agóniája és szomorúsága, amelyen át kellett mennie, hogy az emberi műveltség célját megvalósítsa, nem volt hiábavaló.

Azok, akik Új Jeruzsálembe mennek, igaz gyermekek, akiket Isten úgy nyert, hogy hosszú ideig várt, amíg a szívüket az Úr szívévé változtatták, és megvalósították a teljes szellemet. Annyira értékesek Istennek, és annyira fogja Ő szeretni őket. Ezért biztatja Isten őket így: *"Maga pedig a békességnek Istene szenteljen meg titeket mindenestől; és a ti egész valótok, mind lelketek, mind testetek feddhetetlenül őriztessék meg a mi Urunk Jézus Krisztus eljövetelére"* Pál első levele a thesszalonikaiakhoz 5,23 versében.

Emberek, akik a mártírság feladatát örömmel teljesítik

A mártírság azt jelenti, hogy valaki feladja az életét. Erős elhatározást és nagy odaadást igényel. A dicsőség és kényelem, amit valaki kap, miután feladja az életét Isten akaratának teljesítése érdekében, felülmúlja a képzeletet.

Természetesen mindenki, aki a Harmadik Királyságba vagy Új Jeruzsálembe kerül, bír olyan hittel, hogy mártír legyen, de aki valóban mártír lesz, sokkal nagyobb dicsőséget kap majd. Ha nem vagy olyan állapotban, hogy mártírrá válj, akkor mártírszíved kell hogy legyen, el kell érned a megszentesülést, és teljesítened kell a feladataidat maradéktalanul, hogy a mártíroknak járó jutalmakat megkaphasd.

Isten egyszer feltárta előttem az egyházam egyik lelkészének dicsőségét, amelyet Új Jeruzsálemben kap, amint beteljesíti a feladatát mártírként.

Amikor a mennybe jut, miután a mártírságát teljesítette, végtelenül sok könnyet fog ejteni a hála miatt, amit a lakóhelyéért érez Isten iránt. A házának a kapujánál nagy kert van, rengeteg virággal, fával és más díszítésekkel. A kerttől a főépületig fekszik az aranyút, virágok dicsérik a tulajdonos teljesítményét, és a gyönyörű illatukkal őt vigasztalják.

Aranytollú madarak fénylenek, és gyönyörű fák állnak a kertben. Számos angyal, az összes állat, még a madarak is dicsérik a mártírság elérését és fogadják a tulajdonost, és amikor a virágútra tér, az Úr iránti szeretete kellemes aromává változik. Folyamatosan hálálkodik, szívből.

„Az Úr valóban annyira szeretett engem, és egy értékes feladatot adott nekem! Ezért maradhatok az Atya szeretetében!"

A házban számos értékes ékszer díszíti a falat, és a karneol fény, mely oly piros, mit a vér, valamint a zafírfény, mind rendkívüliek. A karneol azt mutatja, hogy megvalósította a lelkesedést, hogy az életet és a szenvedélyes szerelmet feladja, ahogy Pál apostol is tette. A zafír a becsületes, állhatatos szívét jelképezi, és az integritást, hogy az igazat megtartsa, a halál árán is. A mártírság emlékezetét szolgálja.

A külső falakon van egy felirat, amelyet Isten Maga hozott létre. Ez megörökíti a tulajdonosa megpróbáltatásait, azt: hogyan és mikor lett belőle mártír, és milyen körülmények között valósította meg Isten akaratát. Amikor a hithű emberek mártírrá válnak, Istent dicsőítik a szavaikkal. Ilyen szavak szerepelnek ezen a falon is. A felirat olyan fényesen ragyog, hogy teljesen lenyűgöz téged, és boldog vagy, amikor elolvasod és a belőle áradó fényeket nézed. Mennyire lenyűgöző, hiszen Isten, aki Maga a fény, írta ezeket! Akárki látogatja meg a házat, az írás előtt meghajol, hiszen Isten maga írta azt!

A nappali belső falain számos nagy képernyő van, sokféle faliképpel. A rajzok elmesélik, hogyan cselekedett a személy, miután először találkozott az Úrral, és milyen munkákat, milyen szívvel végzett, mikor.

A kert egyik végében sokféle sportfelszerelés van, csodálatos anyagokból készítve, és olyan díszítésekkel, amelyek ezen a földön elképzelhetetlenek. Isten azért teremtette ezeket, hogy vigaszt nyújtsanak neki, mivel nagyon szerette a sportokat, azonban a szolgálata miatt lemondott róluk. A súlyzók nem földi anyagból készültek, hanem isten által készítettek, különleges díszítésekkel, amelyek olyanok, mint a drágakövek, amelyek szépen csillognak. Csodálatos módon különböző súlyuk van attól függően, hogy ki gyakorol velük. Ezek az eszközök nem azt szolgálják, hogy valaki edzett legyen, hanem ajándékként szolgálnak, vigasztalásul.

Hogyan fogja magát érezni, látva ezt a sok dolgot, amelyeket Isten készített elő a számára? Fel kellett adnia a vágyait az Úrért, de a szíve most vigaszt talált, és nagyon hálás az Atya Isten szeretetéért.

Nem tudja abbahagyni a hálát és Isten dicsőítését, könnyekkel a szemében, mivel Isten gondoskodó és gyöngéd szívvel mindent előkészített a számára, amire csak vágyott, nem elhanyagolva a legkisebb kívánságát sem.

Az emberek teljesen egyek az Úrral és Istennel

Új Jeruzsálemben létezik egy olyan ház, amely nagy, mint egy város – Isten egyszer megmutatta nekem. Olyan csodálatos volt, hogy nem tudtam a meglepettségemet elrejteni a méretét, szépségét és nagyszerűségét látva.

A nagyméretű háznak tizenkét kapuja van – három-három északon, keleten, délen és nyugaton. Középen egy nagy háromemeletes kastély van, színarannyal díszítve, és számos drágakővel.

Az első emeleten van egy nagy terem, amelynek nem látod a végét, és számos nappali is van. Bankettekre és gyűlések megtartására használják őket. A második emeleten olyan szobák vannak, amelyekben a koronákat, ruhákat és ajándékokat állítják ki és tartják, valamint olyan helyek is vannak, ahol a prófétákat fogadják. A harmadik emelet kizárólag az Úrral való találkozás helye, ahol meg lehet a szeretet osztani Vele.

A kastély körül falak vannak, amelyek virággal borítottak, kellemes illatot árasztva magukból. A kastély körül folyik az Élet Vizének folyama, békésen; a folyón át ív alakú felhőhidak vannak, a szivárvány színeiben.

A kertben sokfajta virág, fa és fű alkotja a tökéletes szépséget. A folyó másik oldalán található egy hatalmas erdő, melynek a méretét elképzelni sem lehet.

Van egy vidámpark is, sok játékkal, mint a kristályvonat, a Viking-járat, mely aranyból készült, és más járművekkel, amelyeket mind ékszerek díszítenek. Elragadó fényeket árasztanak, amikor működésben vannak. A vidámpark mellett van egy széles virágút, amely fölött egy mező van, ahol állatok játszanak és pihennek békésen, és amely olyan, mint a trópusi síkságok a földön.

Ezeken kívül számos ház és épület van, amelyeket csodálatos, titokzatos fényeket – melyek a teljes területet pásztázzák – kibocsátó ékszerek díszítenek. A kert mellett van egy vízesés, és a domb mögött egy tenger, amelyen nagy cirkálók, mint a Titanic, hajóznak. Ez mind része az emberek házának, tehát mostanra el tudod képzelni, milyen nagy és széles ez a ház.

Ez a ház, amely oly nagy, mint egy város, egy turistapont a mennyben, amely számos embert vonz nemcsak Új Jeruzsálemből, hanem a Mennyország minden részéről. Az emberek élvezik az ittlétüket, és megosztják az Isten iránti szeretetüket. Számos angyal szolgálja a tulajdonost, gondozza az épületet és a felszereléseket, kísérik a felhőautót, valamint Istent dicsőítik a táncukkal és a hangszeres játékukkal. Minden úgy készül, hogy a legnagyobb boldogságot és kényelmet nyújtson.

Isten azért készítette ezt a házat, mert a tulajdonos mindenféle tesztet és megpróbáltatást leküzdött hitte, reménnyel és szeretettel, és oly sok embert elvezetett a megdicsőülés útjára, az élet szavával és Isten hatalmával, Istent szeretve elsősorban, és jobban, mint bármi vagy bárki mást.

A szeretet Istene emlékszik az erőfeszítéseidre és a könnyeidre, és aszerint fizet vissza téged, hogy mit tettél. Azt szeretné, hogy mindenki egyesüljön Vele és az Úrral, az életet adó szeretetért, és hogy spirituális dolgozóvá váljon, hogy számos embert elvezethessen a megdicsőülés útjára.

Akiknek Istennek tetsző hite van, egyesülhetnek Vele és az Úrral az életet adó szeretetük által, mivel ők nemcsak hogy hasonlítanak az Úr szívére és megvalósítják a teljes szellemet, hanem az életüket is adják azért, hogy mártírokká váljanak. Ezek az emberek igazán szeretik az Urat és Istent. Ha nem is lenne mennyország, nem sajnálják vagy érzik magukat vesztesnek azért, amit élvezhetnének, vagy felvehetnének maguknak ezen a földön. Annyira boldog és örömteli a számukra, hogy Isten szava szerint cselekedjenek, és hogy az Úrnak dolgozzanak.

Természetesen az igaz hitű emberek a jutalmak reményében élnek, amelyeket az Úr fog nekik adni a mennyben, ahogy azt a Zsidóknak írt levél 11,6 verse tartalmazza: *„Hit nélkül pedig lehetetlen Istennek tetszeni; mert a ki Isten elé járul, hinnie kell, hogy ő létezik és megjutalmazza azokat, a kik őt keresik."*

Azonban számukra nem számít, hogy létezik-e a mennyország vagy nem, vagy vannak-e jutalmak vagy nem, mivel létezik valami, ami még értékesebb a számukra. Mindennél boldogabbá teszi őket az Atya Istennel és az Úrral való találkozás, akit ők komolyan szeretnek. Ezért ha valaki nem találkozik Isten Atyával és az Úrral, sokkal szerencsétlenebb és szomorúbb dolog, mintha nem kapnának jutalmakat, vagy nem élnének a mennyországban.

Azok, akik megmutatják a halhatatlan szeretetüket Isten iránt az életük feláldozása által – még akkor is, ha nem létezne boldog mennyei élet – egyesülnek az Atyával és az Úrral, a vőlegényükkel, az életadó szeretetük által. Milyen nagy lesz a dicsőség és a jutalmak, amelyeket Isten a számukra előkészít!

Pál apostol, aki vágyott az Úr megjelenésére és buzgólkodott az Úr munkáin, valamint oly sok embert elvezetett a megdicsőülésre, a következőket vallotta:

> *„Mert meg vagyok győződve, hogy sem halál, sem élet, sem angyalok, sem fejedelemségek, sem hatalmasságok, sem jelenvalók, sem következendők, Sem magasság, sem mélység, sem semmi más*

teremtmény nem szakaszthat el minket az Istennek szerelmétől, mely vagyon a mi Urunk Jézus Krisztusban" (Pál levele a rómaiakhoz 8,38-39).

Új Jeruzsálem Isten gyermekeinek a helye, akik egyesültek Isten Atyával ezzel a fajta szeretettel. Új Jeruzsálem, amely tiszta és gyönyörű, mint a kristály, ilyen módon készül el.

A szeretet Isten Atyja azt karja, hogy mindenki megmeneküljön, de ezenkívül hasonlítson is az Ő szentségére és tökéletességére, hogy Új Jeruzsálembe mehessen.

Ezért: az Úr nevében imádkozom, hogy rájöjj: az Úr, aki a mennyekbe ment, hogy elkészítse a helyet neked, hamarosan visszatér, ezért meg kell valósítanod a teljes szellemet, és hibátlannak kell lenned, hogy gyönyörű menyasszonnyá válhass, aki képes ezt vallani: *"Ámen, bizony jövel Uram Jézus!"*

A szerző:
Dr. Jaerock Lee tisztelendő

Dr. Jaerock Lee Muanban, Jeonnam Tartományban, a Koreai Köztársaságban született, 1943-ban. A húszas éveiben hét évig gyógyíthatatlan betegségekben szenvedett, és a gyógyulás reménye nélkül várta a halált. Egy napon 1974-ben azonban a nővére elvitte egy templomba, és amikor letérdelt, hogy imádkozzon, az Élő Isten az összes betegségéből kigyógyította.

Attól a pillanattól fogva, hogy e csodás tapasztalat révén Dr. Lee találkozott az Élő Istennel, teljes szívéből és őszintén szereti Istent, és 1978-ban elhivatott az Ő szolgájaként. Buzgón imádkozott, hogy megérthesse Isten akaratát, és teljesen beteljesítse azt, és Isten igéjét teljesen betartotta. 1982-ben megalapította a Manmin Központi Egyházat Szöulban, Koreában, és azóta számtalan isteni munka történt ebben a templomban, beleértve a nagyszerű gyógyulásokat és a csodákat.

1986-ban lelkésszé szentelték a Jézus Sungkyul Koreai Egyházának éves összejövetelén, és négy évvel később, 1990-ben az istentiszteleteit elkezdték közvetíteni Ausztráliában, Oroszországban, a Fülöp-szigeteken, és számos más országban, a Far East Broadcasting Company, az Asia Broadcast Station, valamint a Washington Christian Radio System közreműködésével.

Három évvel később, 1993-ban a Manmin Központi Templomot beválasztották „A világ legjobb 50 temploma" közé, a *Christian World Magazin* (Keresztény Világmagazin) által (USA), és tiszteletbeli doktori címet kapott a Christian Faith College, Florida, USA, intézménytől, és 1996-ban doktori címet is – a lelkészi tudományokban – az iowai Kingsway Theological Seminary-től, az Egyesült Államokból.

1993 óta Dr. Lee a világmisszió terén vezető szerepet vállal, külföldön az Egyesült Államokban, Tanzániában, Argentínában, Ugandában, Japánban, Pakisztánban, Kenyában, a Fülöp-szigeteken, Hondurasban, Indiában, Oroszországban, Németországban és Peruban, és 2002-ben „világszintű lelkésznek" nevezték a vezető koreai keresztény újságok, a külföldi Nagy Egyesült Missziókban kifejtett tevékenységéért.

2016 január a Manmin Központi Templom több mint 120. 000 tagot számlált, 10. 000 hazai és külföldi leányegyháza volt szerte a világon, és eddig több mint 102 misszionáriust küldött 23 országba, beleértve az Egyesült Államokat, Oroszországot, Németországot, Kanadát, Japánt, Kínát, Franciaországot, Indiát, Kenyát, és sok más országot.

A mai napig Dr. Lee 100 könyvet írt, közöttük a rekord példányszámban eladott *Az Örök Élet Megkóstolása a Halál Előtt, Életem Hitem I és II, A Kereszt Üzenete, A Hit Mértéke, A Mennyország I és II, A Pokol, Isten Hatalma*, és a munkáit több mint 75 nyelvre lefordították.

A keresztény rovatai megjelennek a *The Hankook Ilbo, The JoongAng Daily, The Dong-A Ilbo, The Chosun Ilbo, The Munhwa Ilbo, The Seoul Shinmun, The Kyunghyang Shinmun, Koreai Napi Gazdaság (The Korea Economic Daily), The Korea Herald, The Shisa News*, és a *Keresztény Sajtó (The Christian Press)* hasábjain.

Dr. Lee jelenleg több tisztséget tölt be: a Koreai Egyesült Szentség Egyház elnöke; a Global Christian Network (GCN) alapítója és igazgatótanácsának elnöke; a The World Christian Doctors Network (WCDN) alapítója és igazgatótanácsának elnöke; és a Manmin Nemzetközi Lelkészképző (MIS) alapítója és igazgatótanácsának elnöke.

Más, hasonlóan hatásos könyvek a szerzőtől:

Mennyország II

Meghívás Új Jeruzsálembe, a csodálatos környezetbe, ahol a kapuk csillogó ékkövekből vannak, és amely a hatalmas mennyország közepén van.

A Kereszt Üzenete

Egy erőteljes ébresztő üzenet mindazoknak, akik spirituálisan alszanak. Ebben a könyvben megtalálod Isten igaz szeretetét, valamint megtudod: miért Jézus az egyedüli Megmentő?

Pokol

Egy őszinte üzenet az emberiségnek Istentől, aki azt kívánja, hogy egyetlen lélek se hulljon a pokol mélységeibe! Felfedezheted Hadész soha fel nem tárt képét, valamint a pokol kegyetlen valóságát.

Szellem, Lélek és Test I & II

Egy kézikönyv, mely segíti spirituális megértést a lélekkel, szellemmel, testtel kapcsolatban, és segít megtalálni, hogy milyen „énünk" van, hogy erőt nyerjünk, mellyel a sötétséget legyőzhessük, és a szellem emberévé váljunk.

A Hit Mértéke

Milyen mennyei helyet, és milyen koronákat és jutalmakat készítenek elő a számodra a mennyekben? Ez a könyv ellát bölcsességgel és útmutatással téged, hogy megmérhesd a hited, valamint a legjobb és a legérettebb hitet gyakorolhasd.

Ébredj Izrael!

Miért tartotta Isten a szemét a világ végétől máig Izraelen? Milyen gondviselést tartogat Izrael számára – akik ma is a Messiást várják – az utolsó napokra?

Életem, Hitem I & II

Dr. Jaerock Lee önéletrajza a legkellemesebb spirituális aromát nyújtja az olvasó számára, az élete az Isten iránti szeretet által kezdett virágozni, miután sötét hullámok, hideg járom jutott számára, valamint a legmélyebb elkeseredés.

Isten Hatalma

Egy kihagyhatatlan olvasmány, egy alapvető útmutató az igaz hit eléréséhez, és Isten csodáinak megtapasztalásához.

www.urimbooks.com

www.ingramcontent.com/pod-product-compliance
Lightning Source LLC
LaVergne TN
LVHW041701070526
838199LV00045B/1146